Crèmes brûlées

Lisa MAZIÈRES

››› PRÉPARATION TRÈS SIMPLE
››› PRÉPARATION FACILE
››› PRÉPARATION ÉLABORÉE

○ ○ ● PEU COÛTEUSE
○ ● ● RAISONNABLE
● ● ● CHÈRE

Dédicace spéciale
À Magali Tesson et Fabien Kaique, les deux amoureux cuisiniers et pâtissiers… et à leurs bouts de chou à la crème Liam et Alix…
À Julie et à Angèle pour leur relecture…
Pour tous leurs conseils précieux, leur amitié franche, douce et croustillante comme la crème brûlée…

› Photographies : SAEP/Jean-Luc SYREN et Valérie WALTER.
› Coordination : SAEP/Éric ZIPPER.
› Composition et photogravure : Éditions SAEP.
› Impression : Union Européenne.

Conception › éditions saep - 68040 Ingersheim - Colmar

Faisons-en tout un plat…

› **Au petit bruit de l'œuf sur le zinc** du poème de Jacques Prévert fait écho le rythme de la cuillère d'Amélie Poulain sur la croûte de la crème brûlée dans son pittoresque café de Pigalle.

› **Cet entremets délicieux** ne nécessite que des ingrédients très simples : quelques jaunes d'œufs, un peu de sucre et de crème fraîche, parfois un peu de lait… Ce n'est néanmoins qu'au prix d'une certaine patience que vous pourrez en déguster toute la saveur. Car cette crème fondante aime d'abord à se refroidir, avant de revenir sous la flamme pour caraméliser et nous faire brûler d'envie…

› **Du crémeux fondant et froid allié au chaud caramel** durci en surface, que de contrastes savoureux…

› **Crème froide et riche** qui n'a peur de rien, tête brûlée au goût d'enfance, celle que nous aimons contempler et briser avec le tranchant de nos cuillères dans les ramequins de terre cuite lorsque comme par magie cet entremets figure au dessert ou au goûter.

› **La crème brûlée est à la fête** et on la retrouve ici colorée, aromatisée, parfumée ou garnie de petits morceaux de fruits frais ou de fruits secs. Elle se décline également volontiers en de multiples versions salées.

› **La crème brûlée quittera ici parfois les traditionnels ramequins en terre cuite** pour visiter les cassolettes en porcelaine design, les coupelles à oreillettes et les verrines… Lors d'un café ou d'un thé gourmand, à l'apéro, en entrée ou en dessert, gourmandise ou petit plat, faisons-en justement tout un plat !

LA PETITE HISTOIRE DE LA CRÈME BRÛLÉE

- Dans l'histoire de l'art culinaire, il est souvent difficile de faire correspondre une recette à une seule origine géographique ou personnelle. Tout comme l'histoire des hommes, celle de la cuisine est faite de rencontres et de voyages. Certes Massialot, au XVIIe siècle, l'auteur du « Cuisinier royal et bourgeois », peut-il apparaître comme l'inventeur de la crème brûlée. La recette et les variantes qu'il cite ne ressemblent pourtant pas à la crème brûlée servie des décennies durant dans les restaurants français de la fin du millénaire dernier. Avec des crèmes parfumées aux zestes de citron vert ou d'orange, parsemées de pistaches pilées, c'est dans les régions bordant la Méditerranée que notre recenseur et inventeur de recettes pourrait avoir été inspiré, notamment en Catalogne, région que se partagent aujourd'hui l'Espagne et la France.
- La crème catalane et la crème brûlée ne sont-elles pas des cousines ? Mais les sources de ce plat devenu un trésor de la cuisine française sont-elles juste du côté de la Catalogne ? Les Anglais de Cambridge eux aussi, avec leur burnt cream, peuvent en revendiquer la paternité. Après tout, la crème brûlée peut bien être l'occasion de découvrir dans votre ramequin de terre cuite différentes inspirations.

LES INGRÉDIENTS NÉCESSAIRES POUR LA RECETTE DE BASE

Les crèmes brûlées peuvent être aromatisées, garnies, mais certains ingrédients sont indispensables.
Ce qu'on appelle « l'appareil », c'est-à-dire la préparation de base, est composé de jaunes d'œufs, de sucre en poudre et de crème fraîche.

• Les jaunes d'œufs… oui mais que faire des blancs ?
Conserver les blancs en neige pour des recettes de pâtisserie telles les langues-de-chat (p. 90) ou les meringues (p. 91).

• Toute une variété de sucres…
Nous avons dans les recettes de ce livre utilisé plusieurs types de sucre.
Le sucre est nécessaire non seulement pour la surface « caramélisée » des crèmes brûlées mais aussi pour l'appareil lui-même. Le sucre blanc en poudre, obtenu à partir du sucre cristallisé blanc, se présente comme son nom l'indique sous forme d'une fine poudre blanche. Il fond plus vite que le sucre cristallisé, qui provient d'un sucre roux de qualité auquel on a fait subir plusieurs opérations de décoloration, de filtration puis de cristallisation.
Pour sucrer l'appareil à crème brûlée, on pourra également utiliser le sucre glace, obtenu par broyage du sucre cristallisé blanc. Il contient 3 % d'amidon, ce qui contribue à raffermir la crème.
N'oublions pas l'effet sucrant du miel ou des sirops d'érable ou d'agave, en vente dans les magasins d'alimentation biologique. Ces derniers parfumeront la crème de base.
Le terme de « cassonade » désigne le sucre de canne roux cristallisé. C'est ce qui est le plus indiqué pour caraméliser la surface des crèmes brûlées.

Nous avons aussi utilisé pour cet effet de la vergeoise blonde ou brune, ce qui correspond à un sucre moelleux, issu de la betterave. On la trouve facilement dans les rayons pâtisserie des supermarchés.

• Les crèmes fraîches, comment s'y retrouver ?
Une « crème fraîche » est un produit résultant de l'écrémage du lait entier. Elle contient selon le droit français au minimum 30 % de matières grasses.
Elle est crue ou pasteurisée.

La crème dite U.H.T. est stérilisée à 150 °C pendant 2 secondes.

La crème fraîche liquide est particulièrement douce ; elle est pasteurisée mais n'a subi aucun « ensemencement » avec des ferments lactiques. Elle se conserve au frais après ouverture ; vérifier la durée de conservation sur l'emballage.

La crème fleurette est aujourd'hui l'appellation courante de la crème fraîche liquide entière, c'est-à-dire « non allégée en matières grasses ».
Autrefois, c'était le terme utilisé pour désigner la crème formée à la surface du lait au repos.

La crème fraîche épaisse, dite aussi double, a été ensemencée avec des ferments lactiques. Sa maturation lui donne un goût légèrement acidulé.

La crème fraîche légère contient 5 ou 6 % de matières grasses. Plus son taux de matières grasses est bas, plus elle contient d'additifs, type amidon, émulsifiants ou colorants. Cette crème n'est pas recommandée pour la réalisation des crèmes brûlées.

PRÉSENTATION ET MISE EN SCÈNE DES CRÈMES BRÛLÉES

La crème brûlée se présente traditionnellement dans un ramequin de forme évasée et ovale en terre cuite. Mais un ramequin de forme ronde en porcelaine ou en verre convient parfaitement.

Une crème brûlée, si elle est cuite entièrement au four, exige qu'elle soit préparée dans un récipient supportant la chaleur.

La porcelaine et un certain type de verre résistant sont des matériaux qui s'adaptent aux températures raisonnables, surtout au bain-marie.

On peut donc servir les crèmes brûlées dans des cassolettes ou des coupelles en terre cuite, en porcelaine ou en verre.

Le format peut ainsi varier du petit plat à gratin aux formes minimalistes telles les minicocottes, les petites cassolettes ou les coupelles à oreillettes.

Les petits formats pour un effet mise en bouche de crème brûlée permettent de diminuer le temps de cuisson.

Il existe aussi des verrines résistant à la chaleur du four, qui plus est si elles sont disposées dans un bain-marie. Ne pas oublier aussi de récupérer les récipients du commerce, pots de yaourt ou d'entremets en verre.

Ne nous privons pas des moules fantaisie en silicone pour faire des montages dans des verrines à plusieurs couches.

Pensons aussi aux tasses à café pour les crèmes brûlées ; c'est pratique et l'effet est sympathique.

POUR DES VERSIONS SUCRÉES, CAFÉ OU THÉ GOURMAND, POUR DES VERSIONS SALÉES, ASSIETTES À TAPAS

Présenter les crèmes brûlées sur des petits plateaux, des planchettes en bois ou des grandes assiettes avec d'autres éléments : tranche de cake, cookies, scone, pancake, salade ou brochette de fruits, fleurs comestibles, boissons telles que café expresso, café amélioré, thé, smoothie, etc.

POUR UN EFFET CHAUD-FROID ET POURQUOI FAUT-IL ÉVITER DE METTRE DES PRÉPARATIONS CHAUDES AU RÉFRIGÉRATEUR ?

La question concerne les crèmes brûlées. Car c'est l'effet de contraste entre la crème onctueuse et froide et celle du caramel chaud et crépitant sur la surface qui caractérise ce plat.
Il faut compter, outre le temps de cuisson relativement long, le temps de réfrigération, d'environ 2 heures au réfrigérateur.
Ne jamais placer les préparations chaudes dans le réfrigérateur. Les laisser refroidir à température ambiante. Ce geste permet d'éviter de rompre la chaîne du froid et donc l'accélération de la croissance microbienne. C'est pour la même raison qu'il faut utiliser des sacs isothermes pour transporter les produits frais lorsque l'on fait ses courses.
Par ailleurs, si le réfrigérateur doit se réguler pour baisser la température, il consomme plus d'énergie.

COMMENT « BRÛLER » LES CRÈMES OU COMMENT RÉUSSIR LA CARAMÉLISATION ?

On ne saupoudre la surface d'une crème brûlée que si elle est froide, sinon le sucre fond et se dissout dans la crème, qui est traditionnellement déjà sucrée.

Cette étape de la caramélisation succède donc à celle de la prise du froid.

Saupoudrer de sucre, de préférence roux comme la cassonade, ou bien de vergeoise.

On peut aromatiser ce sucre ou le mélanger à une poudre ou à des éclats très fins de fruits secs.

Il existe trois moyens de « brûler » la surface des crèmes dans le sens d'une caramélisation prononcée.

1/ Au fer à caraméliser
C'est un disque en acier au bout d'un manche maniable. On fait chauffer la plaque ronde sur la flamme de la gazinière jusqu'à ce qu'il rougisse. Puis on le dépose à peine quelques secondes sur la peau de la crème... facile, facile... Mais l'inconvénient est qu'il ne s'adapte pas à tous les formats de récipients et qu'il faut, bien sûr, une gazinière. (Il existe aujourd'hui dans le commerce des fers à caraméliser électriques.)

2/ Au « minichalumeau » ou « torche à brûler ». Un petit chalumeau de cuisine peut servir à d'autres usages que la crème brûlée. On peut par exemple caraméliser les surfaces meringuées telle celle de la tarte au citron.

Techniquement parlant, il faut remplir le chalumeau de gaz à briquet puis régler la puissance sur simple rotation du bouton.

À l'aide de la flamme du chalumeau, faire fondre progressivement le sucre en poudre en surface jusqu'à obtention d'un effet doré. Veiller à ne pas toucher les bords des récipients et à ne pas se brûler.

Bon à savoir : on peut trouver des chalumeaux adaptés au rayon cuisine mais aussi bricolage. Une flamme à souder fait très bien l'affaire et est moins onéreuse.

3/ Sous le gril du four

Après avoir saupoudré de sucre en poudre la surface des crèmes, placer les crèmes sous le gril du four à pleine puissance. L'inconvénient, c'est que la crème tiédit. Il est recommandé de les placer à nouveau dans un grand plat contenant de l'eau froide. Trois minutes suffisent en général à dorer la surface des crèmes.

AUTRES TOURS DE MAIN ET ASTUCES

• Frémissements

Lorsque l'on prépare la crème brûlée, on peut être amené à chauffer la crème fraîche afin de faciliter l'incorporation des autres ingrédients. On stoppe toujours la cuisson au point d'ébullition, quand la crème commence à frémir légèrement.

• Bain-marie au four

La crème brûlée doit de préférence être cuite au bain-marie, au four. Le dispositif est très simple. Choisir un grand plat allant au four, un plat à gratin rectangulaire, par exemple.

Disposer les ramequins dans le plat vide puis verser de l'eau froide doucement de façon qu'elle ne déborde pas dans les récipients pendant la cuisson.

On peut aussi utiliser une lèchefrite, cette grande plaque du four à rebords. On la tapisse d'une feuille de papier sulfurisé avant de la remplir d'eau. Cela permet d'éviter que l'eau bouillonne trop fortement et les accidents à la surface de la crème.

• Temps de cuisson au four

Enfourner à 90 °C (th. 2-3) pendant 1 heure pour un appareil à crème brûlée classique. La température douce du four et la vapeur d'eau contribuent à la finesse de la texture inimitable de l'entremets.

Le temps dépend de la quantité, bien sûr, mais aussi de la hauteur des récipients de cuisson. Plus le ramequin ou la verrine est haut, plus la cuisson nécessite d'être longue.

• Précuisson de l'appareil

On peut aussi préférer la cuisson de la crème à la casserole (recette de la crème caramélisée des sœurs de Pedralbes), qui est comme dans le cas de la cuisson au four suivie de la réfrigération. Dans ce cas, on peut utiliser des ramequins en plastique.

• Fin de la cuisson

Les crèmes brûlées sont cuites lorsqu'elles sont « prises », lorsqu'elles sont bien fermes mais cependant légèrement mouvantes et tremblantes au centre.

• Garnitures savoureuses dans le fond des ramequins

On émincera finement la garniture si elle ne se présente pas déjà sous forme de compotée ou de coulis. On beurrera légèrement le fond des ramequins. Puis on disposera la garniture. Éventuellement, on la saupoudrera de sucre pour un effet légèrement caramélisé.
Veiller alors à ne pas trop sucrer l'appareil à crème brûlée.

• Anticipation

On peut préparer et cuire la crème brûlée la veille. Conserver les crèmes brûlées en les recouvrant d'un film alimentaire et en les plaçant au réfrigérateur. Caraméliser le lendemain. Le contraste chaud-froid n'en sera que meilleur.

• Sucre parfumé

Ne pas jeter les gousses de vanille vides. Les mettre dans un bocal fermant de façon hermétique puis les recouvrir de sucre. Conserver ce sucre parfumé à la vanille pour les crèmes brûlées et autres gourmandises.

… # petites crèmes brûlées au boudin noir et
aux noix caramélisées

1 pomme / 1 noix de beurre / 250 g de boudin noir / 25 cl de crème fraîche liquide entière / 2 jaunes d'œufs / 3 cl de muscat / 40 g de sucre de canne / 40 g de cerneaux de noix.

6 PERS. — PRÉP. : 15 MIN — CUISS. : 45 MIN
RÉFRIGÉRATION : 2 H

1 › Éplucher la pomme, la couper en deux, retirer le cœur et les pépins.
2 › Détailler la chair en très fines lamelles.
3 › Beurrer très légèrement le fond de 6 ramequins. Tapisser de lamelles de pomme.
4 › Peler le boudin. Le détailler en morceaux.
5 › Dans un saladier, mixer la chair de boudin avec la crème fraîche liquide et les jaunes d'œufs préalablement battus. Ajouter le muscat, mélanger de nouveau.
6 › Verser le mélange dans les ramequins sur la couche de pommes.
7 › Placer les ramequins dans un grand plat allant au four. Verser de l'eau jusqu'aux trois quarts puis enfourner le tout à 90 °C (th. 2-3) pour 45 minutes. Les crèmes doivent être prises, mais légèrement tremblantes au centre.
8 › Laisser refroidir à température ambiante puis réfrigérer pendant 2 heures.
9 › Faire fondre la moitié du sucre à sec dans une poêle antiadhésive.
10 › Lorsque le sucre devient liquide et de couleur ambrée, ajouter les cerneaux de noix. Remuer avec une cuillère en bois.
11 › Saupoudrer légèrement la surface des crèmes du reste de sucre puis caraméliser au chalumeau, au fer à caraméliser ou sous le gril du four.
12 › Parsemer de noix caramélisées.

› version salée, sucrée-salée

crème brûlée au brocoli, au gingembre et au sésame noir

1 petit pied de brocoli / 1 gousse d'ail hachée / 1 cuil. à café de gingembre frais râpé / 1 cuil. à soupe d'huile de sésame / 3 cuil. à soupe de grains de sésame noir grillé / 3 cuil. à soupe de crème fraîche liquide / 3 jaunes d'œufs / Sel, poivre.

6 PERS. — PRÉP. : 20 MIN — CUISS. : 55 MIN
RÉFRIGÉRATION : 2 H

1 › Rincer et égoutter soigneusement le brocoli. Faire cuire le brocoli 7 minutes à l'eau bouillante salée.
2 › Dans une poêle antiadhésive ou un petit wok, faire revenir à feu doux la gousse d'ail hachée et le gingembre râpé dans l'huile de sésame.
3 › Retirer du feu avant coloration. Réserver l'ail et le gingembre dans une coupelle à part.
4 › Dans la même poêle posée sur feu vif, faire revenir les graines de sésame noir.
5 › Retirer la poêle hors du feu dès que les graines commencent à crépiter. Les réserver sur une autre coupelle.
6 › Dans un saladier, mixer le brocoli, l'ail et le gingembre. Ajouter la crème fraîche liquide, la crème de sésame et les jaunes d'œufs préalablement battus. Saler et poivrer. Mixer de nouveau.
7 › Répartir la préparation dans des ramequins ou des cassolettes. Les placer dans un grand plat allant au four. Verser de l'eau jusqu'aux trois quarts.
8 › Laisser cuire 40 minutes à 90 °C (th. 2-3).
9 › Sortir les ramequins du four. Parsemer les crèmes de graines de sésame.
10 › Enfourner pour 5 minutes supplémentaires sous le gril.

petites crèmes brûlées au boudin noir
et aux noix caramélisées p. 14

crème brûlée au brocoli, au gingembre et au sésame noir p. 15

crème brûlée aux carottes et au pain d'épice

> 12 carottes nouvelles / 3 tranches de pain d'épice / 6 jaunes d'œufs / 100 g de sucre de canne roux / 50 cl de crème fraîche liquide / 2 cuil. à café de cannelle en poudre.

○ ○ ● ❯ ❯ ❯ 6 PERS. — PRÉP. : 20 MIN — CUISS. : 1 H 10 MIN
RÉFRIGÉRATION : 2 H

1 › Peler les carottes. Les couper en rondelles. Les mettre dans une casserole d'eau froide salée puis les faire cuire. Les égoutter soigneusement puis les mixer.

2 › Émietter finement le pain d'épice.

3 › Dans une jatte, fouetter les jaunes d'œufs avec 4 cuillerées à soupe de sucre roux.

4 › Ajouter la crème fraîche liquide, la purée de carottes, les miettes de pain d'épice et la cannelle.

5 › Répartir la préparation dans des ramequins légèrement beurrés.

6 › Les disposer dans un grand plat allant au four. Verser de l'eau jusqu'aux trois quarts.

7 › Enfourner pour 1 heure à 90 °C (th. 2-3).

8 › Sortir les crèmes du four, les laisser refroidir à température ambiante. Les placer ensuite au réfrigérateur pendant 2 heures.

9 › Au moment de servir, saupoudrer du reste de sucre roux et faire caraméliser au chalumeau, au fer à caraméliser ou sous le gril du four.

› version salée, sucrée-salée

19 › crèmes brûlées

crème brûlée au chèvre frais et au romarin

60 cl de lait de chèvre / 2 brins de romarin frais / 6 jaunes d'œufs / 80 g de sucre en poudre / 4 à 6 cuil. à soupe de cassonade.

● ● ● ❯❯❯ 6 PERS. — PRÉP. : 25 MIN — CUISS. : 50 MIN
REPOS : 20 MIN — RÉFRIGÉRATION : 2 H

1 › Verser le lait de chèvre dans une petite casserole puis ajouter les brins de romarin frais. Porter à ébullition puis retirer la casserole du feu dès les premiers frémissements. Laisser infuser 20 minutes puis filtrer le lait à l'aide d'un chinois.

2 › Dans un saladier, fouetter les jaunes d'œufs avec le sucre jusqu'à ce que le mélange blanchisse. Verser progressivement le lait parfumé et filtré, tout en fouettant.

3 › Verser la préparation ainsi obtenue dans des ramequins.

4 › Placer les ramequins dans un grand plat allant au four. Verser de l'eau jusqu'aux trois quarts puis enfourner le tout à 90 °C (th. 2-3) pour 50 minutes. Les crèmes doivent être prises, mais légèrement tremblantes au centre.

5 › Laisser refroidir à température ambiante puis réfrigérer pendant 2 heures.

6 › Saupoudrer la surface des crèmes de cassonade puis caraméliser au chalumeau, au fer à caraméliser ou sous le gril du four.

Servir avec des tartelettes aux pêches et aux pignons de pin.

20 › version salée, sucrée-salée

fausses crèmes brûlées à la courgette
et au saumon fumé

1 tranche de saumon fumé épaisse / 1 courgette (env. 200 g) / 1 noix de beurre / 3 jaunes d'œufs / 30 cl de crème fraîche liquide / 50 g de parmesan râpé / Sel, poivre.

• • • ❯ ❯ ❯ 6 PERS. — PRÉP. : 20 MIN — CUISS. : 50 MIN

1 › Détailler finement le saumon fumé.
2 › Rincer et essuyer la courgette. La râper finement.
3 › Beurrer légèrement les ramequins puis répartir le mélange courgettes-saumon.
4 › Fouetter les jaunes avec la crème fraîche jusqu'à ce que le mélange soit bien homogène.
5 › Ajouter la moitié du parmesan râpé. Saler légèrement et poivrer. Mélanger soigneusement.
6 › Verser cet appareil sur la garniture dans les ramequins.
7 › Enfourner les ramequins à 150 °C (th. 5) pour 45 minutes. Laisser refroidir à température ambiante. Saupoudrer du reste de parmesan puis laisser gratiner 5 minutes sous le gril.
8 › Servir chaud.

crème brûlée au fenouil confit et
ses crevettes au pastis

10 cl de lait / 6 jaunes d'œufs / 250 g de sucre en poudre / 30 cl de crème fraîche liquide / 3 cuil. à soupe de liqueur anisée / Une pincée de safran / 2 petits bulbes de fenouil / 1 noisette de beurre / 1 cuil. à soupe d'huile d'olive / 300 g de crevettes roses fraîches / 1 cuil. à soupe de persil frais haché / 2 gousses d'ail écrasées / 4 à 6 cuil. à soupe de cassonade / Sel, poivre.

6 PERS. — PRÉP. : 20 MIN — CUISS. : 1 H 20 MIN
RÉFRIGÉRATION : 2 H

1 › Faire chauffer le lait jusqu'à son point d'ébullition.

2 › Fouetter les jaunes d'œufs avec 50 g de sucre en poudre. Ajouter la crème, puis le lait tout en fouettant. Ajouter 1 cuillerée à soupe de liqueur anisée et le safran. Mélanger de nouveau. Réserver à température ambiante.

3 › Rincer, essuyer les bulbes de fenouil. Émincer finement le fenouil puis le mettre dans une casserole. Le recouvrir d'eau et du reste de sucre. Porter le tout à ébullition puis laisser cuire jusqu'à réduction complète du liquide, en remuant avec une cuillère en bois.

4 › Verser la préparation dans 6 petits ramequins préalablement beurrés.

5 › Verser la préparation précédente sur le fenouil. Placer les ramequins dans un grand plat allant au four. Verser de l'eau jusqu'aux trois quarts puis enfourner le tout à 90 °C (th. 2-3) pour 50 minutes. Les crèmes doivent être prises, mais légèrement tremblantes au centre.

6 › Laisser refroidir à température ambiante puis réfrigérer pendant 2 heures.

7 › Pendant ce temps, préparer l'accompagnement.

8 › Faire chauffer l'huile dans une poêle. Y faire revenir les crevettes avec le persil et l'ail. Saler et poivrer. Remuer afin qu'elles soient saisies sur chaque côté.

9 › Sortir les ramequins du four.

10 › Au moment de servir, saupoudrer la surface des crèmes de cassonade puis caraméliser au chalumeau, au fer à caraméliser ou sous le gril du four.

11 › Verser le reste de pastis sur les crevettes, attendre 30 secondes puis flamber en approchant la flamme, en remuant.

12 › Les servir avec des piques en bois en accompagnement des crèmes brûlées au fenouil confit.

figues et chèvre
version crème brûlée

60 g de crème fraîche liquide / 2 jaunes d'œufs / 1/2 bûche de fromage de chèvre / 1 cuil. à café de ciboulette ciselée / 2 petites figues fraîches / 1 noix de beurre / 3 cuil. à soupe de cacahuètes décortiquées non salées / 4 cuil. à soupe de cassonade.

• • • ❭ ❭ ❭ 6 PERS. — PRÉP. : 20 MIN — CUISS. : 1 H 5 MIN
RÉFRIGÉRATION : 2 H

1 › Porter la crème à ébullition. La verser sur les jaunes d'œufs préalablement battus.
2 › Mélanger soigneusement. Incorporer le fromage de chèvre en l'émiettant puis la ciboulette.
3 › Rincer les figues, les essuyer et les équeuter. Les détailler en tranches fines.
4 › Beurrer 6 ramequins en terre cuite. Déposer des rondelles de figue dans chaque ramequin.
5 › Recouvrir l'ensemble du mélange précédent.
6 › Enfourner pour 1 heure à 90 °C (th. 2-3). La crème doit être prise, légèrement frémissante au centre.
7 › Laisser refroidir quelques instants à température ambiante puis placer au réfrigérateur pendant 2 heures.
8 › Réduire les cacahuètes en poudre fine et mélanger celle-ci à la cassonade.
9 › Saupoudrer les crèmes de cette poudre de cacahuètes au sucre.
10 › Placer 5 minutes sous le gril du four.

Servir avec de jeunes pousses d'épinards et des petites tartines de tapenade (purée d'olives).

figues et chèvre
version crème brûlée p. 23

crème brûlée au foie gras à la fleur de sel

150 g de foie gras cuit / 15 cl de crème fraîche / 3 jaunes d'œufs / 15 cl de lait / 1 noix de beurre / 4 cuil. à soupe de cassonade / Fleur de sel, poivre du moulin.

••• ⟩⟩⟩ 6 À 8 PERS. — PRÉP. : 10 MIN — CUISS. : 50 MIN ENV.
RÉFRIGÉRATION : 2 H

1 › Détailler le foie gras en petits cubes. Les mettre dans un grand bol avec la crème. Placer le bol dans une casserole remplie d'eau. Faire chauffer sur feu doux en remuant avec une cuillère en bois pendant 3 minutes. Lorsque la préparation est parfaitement lisse, retirer la casserole du feu.
2 › Dans un saladier, fouetter les jaunes puis incorporer la crème au foie gras en remuant. Ajouter le lait, de la fleur de sel et du poivre, sans cesser de fouetter.
3 › Beurrer légèrement 6 petits ramequins, cuillères ou cassolettes pour mises en bouche.
4 › Placer les ramequins dans un grand plat allant au four. Verser de l'eau jusqu'aux trois quarts puis enfourner le tout à 90 °C (th. 2-3) pour 45 minutes. Les crèmes doivent être prises, mais légèrement tremblantes au centre.
5 › Laisser refroidir à température ambiante puis réfrigérer pendant 2 heures.
6 › Au moment de servir, saupoudrer la surface des crèmes de cassonade puis caraméliser au chalumeau ou sous le gril du four.

tapas de nouilles en crèmes brûlées au jambon

250 g de nouilles cuites / 3 jaunes d'œufs / 30 cl de crème fraîche liquide / 3 cuil. à soupe de parmesan râpé / 3 tranches de jambon blanc sans la couenne / Paprika en poudre / Sel, poivre.

••• ⟩⟩⟩ 6 PERS. — PRÉP. : 10 MIN — CUISS. : 25 MIN

1 › Répartir les nouilles dans les petits ramequins.
2 › Dans un grand bol, fouetter les jaunes, la crème fraîche liquide, le parmesan râpé. Saler et poivrer selon le goût.
3 › Incorporer le jambon blanc préalablement détaillé en petits bâtonnets.
4 › Répartir la préparation dans les ramequins. Saupoudrer généreusement les crèmes de paprika.
5 › Enfourner le tout à 180 °C (th. 6) pour 25 minutes.

> crème brûlée au foie gras
> à la fleur de sel

crème brûlée à la mimolette et son sablé assorti à la sauge

100 g de mimolette / 3 jaunes d'œufs / 25 cl de crème fraîche liquide / 5 cl de vin blanc sec / 4 cuil. à soupe de noisettes en poudre / 2 cuil. à soupe de cassonade / Sel, poivre.
Pour le sablé : 150 g de mimolette vieillie / 150 g de beurre / 150 g de farine / 1 cuil. à soupe de sauge ciselée.

● ● ● ❯❯❯ 6 PERS. — PRÉP. : 20 MIN — CUISS. : 1 H
RÉFRIGÉRATION : 2 H 30 MIN À 4 H

1 › Râper finement la mimolette. Dans un grand bol, fouetter les jaunes d'œufs avec la crème fraîche liquide. Ajouter la mimolette râpée et le vin blanc. Saler et poivrer puis mélanger.

2 › Garnir les cassolettes ou les ramequins de la préparation ainsi obtenue.

3 › Enfourner pour 40 minutes à 120 °C (th. 4).

4 › Lorsque les crèmes sont uniformément prises, les placer au frais pendant 2 heures.

5 › Préparer les biscuits pendant la réfrigération des crèmes : râper finement la mimolette.

6 › Dans une jatte, détailler le beurre en petits morceaux puis ajouter la farine. Malaxer du bout des doigts, jusqu'à obtention d'une pâte homogène. Incorporer la sauge ciselée.

7 › Confectionner des grands rouleaux de pâte de 3 cm de diamètre. 8 › Les envelopper dans du film alimentaire.

9 › Les placer 30 minutes au congélateur ou 2 heures au réfrigérateur.

10 › Lorsque la pâte a bien durci, retirer le film alimentaire. Couper les rouleaux en tranches fines de 1 cm d'épaisseur.

11 › Déposer les médaillons de pâte sur la plaque du four recouverte d'une feuille de papier sulfurisé.

12 › Enfourner à 180 °C (th. 6) pour environ 20 minutes.

13 › Au moment de servir les crèmes et leurs sablés, parsemer la surface des crèmes refroidies de poudre de noisette et de cassonade. Caraméliser au chalumeau ou sous le gril du four.

14 › Servir les crèmes brûlées avec les sablés.

› version salée, sucrée-salée

29 › crèmes brûlées

crème brûlée aux oignons doux

2 oignons doux (env. 200 g) / 2 cuil. à soupe de crème fraîche épaisse / 2 jaunes d'œufs / 1/2 cuil. à café de cumin moulu / 1/2 cuil. à café de coriandre fraîche ciselée + 6 feuilles pour la décoration / 20 g de cacahuètes / 2 cuil. à soupe de cassonade / Sel, poivre.

● ● ● ❯ ❯ ❯ 6 PERS. — PRÉP. : 20 MIN — CUISS. : 50 MIN
RÉFRIGÉRATION : 2 H

1 › Éplucher les oignons, les émincer. Les faire cuire à la vapeur jusqu'à ce qu'ils soient translucides et tendres.

2 › Dans un grand saladier, mixer la crème fraîche épaisse, les jaunes d'œufs, le cumin, la coriandre ciselée. Ajouter les oignons cuits à la vapeur, du sel et du poivre. Mixer de nouveau.

3 › Répartir la préparation dans les ramequins. Placer les ramequins dans un plat à four.

4 › Verser de l'eau jusqu'aux trois quarts puis enfourner le tout à 90 °C (th. 2-3) pour 50 minutes. Les crèmes doivent être prises, mais légèrement tremblantes au centre.

5 › Laisser refroidir à température ambiante puis réfrigérer pendant 2 heures.

6 › Concasser grossièrement les cacahuètes avec la cassonade dans le bol du mortier.

7 › Saupoudrer la surface des crèmes du mélange obtenu puis caraméliser au chalumeau, au fer à caraméliser ou sous le gril du four.

8 › Décorer les ramequins de coriandre.

9 › Déguster aussitôt.

› version salée, sucrée-salée

minicrèmes brûlées aux petits pois
et au curcuma

200 g de petits pois surgelés / 1 cube de bouillon de volaille / 10 cl de lait / 1 petite gousse d'ail / 4 jaunes d'œufs / 15 cl de crème fraîche liquide / 1/4 de cuil. à café rase de gingembre / 1/2 cuil. à café rase de curcuma / Sucre de canne pour la caramélisation / Sel, poivre.

● ● ● ❱ ❱ 6 PERS. — PRÉP. : 20 MIN — CUISS. : 1 H
RÉFRIGÉRATION : 2 H

1 › Faire cuire les petits pois à l'eau bouillante additionnée du cube de bouillon pendant 8 minutes environ. Les mixer avec le lait et l'ail.

2 › Fouetter les jaunes d'œufs puis ajouter progressivement la crème fraîche liquide, la purée de petits pois à l'ail, le gingembre et le curcuma. On doit obtenir un mélange homogène. Assaisonner.

3 › Répartir la préparation dans des ramequins ou des verrines.

4 › Placer les crèmes épicées aux petits pois dans un grand plat allant au four. Verser de l'eau jusqu'aux trois quarts puis enfourner le tout à 90 °C (th. 2-3) pour 50 minutes. Les crèmes doivent être prises, mais légèrement tremblantes au centre.

5 › Laisser refroidir à température ambiante puis réfrigérer pendant 2 heures.

6 › Saupoudrer légèrement la surface des crèmes de cassonade puis caraméliser au chalumeau, au fer à caraméliser ou sous le gril du four.

Servir avec des brochettes de poulet tandoori.

＃ crème brûlée aux 2 poivrons et son
crumble de cantal

1/2 poivron rouge / 1/2 poivron vert ou jaune / 6 jaunes d'œufs / 40 cl de crème fraîche liquide / 20 cl de lait entier / 2 cuil. à soupe de ciboulette hachée / 100 g de farine / 100 g de beurre / 100 g de cantal râpé / 70 g d'amandes effilées concassées / Sel, poivre.

● ● ● ❱❱❱ 6 PERS. — PRÉP. : 20 MIN — CUISS. : 55 MIN

1 › Retirer les membranes intérieures et les graines des demi-poivrons.
2 › Détailler la chair des poivrons en petites lanières. Les disposer dans des ramequins, des cassolettes ou des minicocottes préalablement beurrés.
3 › Dans un bol, fouetter les jaunes d'œufs avec la crème fraîche liquide et le lait.
4 › Ajouter la ciboulette, saler et poivrer. Mélanger de nouveau puis répartir la préparation sur les poivrons.
5 › Placer les ramequins dans un grand plat allant au four. Verser de l'eau jusqu'aux trois quarts puis enfourner le tout à 90 °C (th. 2-3) pour 50 minutes.
6 › Pendant ce temps, préparer le crumble aux amandes et au cantal : mélanger du bout des doigts la farine, le beurre, le cantal et les amandes de façon à obtenir des grosses miettes de pâtes.
7 › Sortir les crèmes du four. Parsemer leur surface de miettes de crumble.
8 › Placer les ramequins sous le gril du four pendant 5 minutes.

› crèmes brûlées

crème brûlée aux pruneaux et au Grand Marnier

300 g de pruneaux / 5 cl de Grand Marnier / 6 jaunes d'œufs / 70 g de sucre en poudre / 55 cl de crème fraîche liquide entière / 1 noix de beurre / 6 biscuits petits-beurre / 4 cuil. à soupe de cassonade pour la caramélisation.

● ● ● ❯❯❯ 6 PERS. — PRÉP. : 25 MIN — CUISS. : 50 MIN
RÉFRIGÉRATION : 2 H — REPOS : 30 MIN

1 › Faire tremper les pruneaux émincés en lamelles dans le Grand Marnier pendant 30 minutes.
2 › Fouetter les jaunes d'œufs avec le sucre. Ajouter la crème fraîche et le jus de macération. Mélanger à l'aide du fouet.
3 › Beurrer légèrement les ramequins. Y émietter les petits-beurre.
4 › Égoutter les lamelles de pruneaux marinées. Les disposer dans des ramequins en terre cuite. Les recouvrir de la préparation précédente.
5 › Placer les ramequins dans un grand plat allant au four. Verser de l'eau jusqu'aux trois quarts puis enfourner le tout à 90 °C (th. 2-3) pour 50 minutes. Les crèmes doivent être prises, mais légèrement tremblantes au centre.
6 › Laisser refroidir à température ambiante puis réfrigérer pendant 2 heures.
7 › Saupoudrer de cassonade puis caraméliser.

crème brûlée à la ricotta et au melon

1 melon / 1 cuil. à soupe de muscat / 250 g de ricotta / 80 g de sucre glace / 6 cuil. à soupe de cassonade.

● ● ● ❯❯❯ 6 PERS. — PRÉP. : 25 MIN — RÉFRIGÉRATION : 2 H

1 › Couper le melon en quatre. Retirer les pépins et la partie filandreuse.
2 › Prélever la chair du melon. La mixer avec le muscat.
3 › Verser la ricotta dans un saladier puis la fouetter avec le sucre glace.
4 › Incorporer délicatement la purée de melon.
5 › Répartir la préparation dans des ramequins en verre. Les placer au réfrigérateur pendant 2 heures.
6 › Saupoudrer de cassonade puis faire caraméliser à l'aide d'un chalumeau ou d'un fer à caraméliser.

Décorer les crèmes brûlées avec des capucines, ces jolies fleurs jaune orangé qui ont un goût poivré.

34 › version salée, sucrée-salée

› crème brûlée aux pruneaux et au Grand Marnier

crème brûlée au roquefort,
aux abricots et aux noix

120 g de noix décortiquées / 10 abricots / 1 noix de beurre / 100 g de roquefort / 20 cl de crème fraîche liquide / 15 cl de lait / 4 jaunes d'œufs / Cassonade / 6 abricots secs / Poivre.

● ● ● 〉〉〉 6 PERS. — PRÉP. : 15 MIN — CUISS. : 55 MIN
RÉFRIGÉRATION : 2 H

1 › Concasser grossièrement les noix au mortier. En réserver 3 cuillerées à soupe.

2 › Plonger les abricots dans l'eau bouillante pendant 1 minute pour les peler plus facilement. Les dénoyauter puis détailler la chair des abricots en petites lamelles.

3 › Répartir les morceaux d'abricot et les noix concassées dans 6 ramequins préalablement beurrés.

4 › À l'aide d'un mixeur, mélanger finement le roquefort avec la crème et le lait. Dans une petite casserole, faire chauffer jusqu'à frémissements à feu très doux.

5 › Fouetter les jaunes d'œufs. Ajouter la crème au roquefort en remuant. Poivrer selon le goût. Bien mélanger de nouveau.

6 › Recouvrir les abricots et les noix de la préparation.

7 › Déposer les ramequins dans un plat allant au four. Verser de l'eau jusqu'à mi-hauteur.

8 › Enfourner pour 50 minutes à 90 °C (th. 2-3).

9 › Laisser tiédir puis réfrigérer pendant au moins 2 heures.

10 › Au moment de servir, saupoudrer les crèmes de cassonade et caraméliser au fer à caraméliser ou encore sous le gril du four.

11 › Décorer chaque ramequin de petits dés d'abricots secs et de 1/2 cuillerée à soupe de noix concassées.

› crèmes brûlées

noix de Saint-Jacques
en habit de crème brûlée au cidre

6 coquilles Saint-Jacques / 2 blancs de poireau / 1 noix de beurre / 15 cl de crème fraîche liquide / 15 cl de cidre doux / 5 cl de jus de citron vert / 1 cuil. à soupe de fumet de poisson en poudre / 1 cuil. à soupe de sucre en poudre / 1/4 de cuil. à soupe de baies roses moulues / 3 jaunes d'œufs / 30 g de noix de cajou concassées / 2 cuil. à soupe de cassonade / Sel, poivre.

• • • ››› 6 PERS. — PRÉP. : 25 MIN — CUISS. : 55 MIN

1 › Couper les noix de Saint-Jacques en 3 tranches.

2 › Faire cuire les rondelles de poireaux avec le beurre à feu très doux. Saler et poivrer puis remuer.

3 › Répartir les poireaux fondants dans le fond des ramequins beurrés. Les recouvrir de 3 lamelles de noix de Saint-Jacques.

4 › Dans une casserole, verser la crème fraîche, le cidre, le jus de citron, le fumet de poisson en poudre et le sucre. Ajouter les baies roses, saler et poivrer. Porter le tout à ébullition sur feu doux, en remuant. Retirer la casserole du feu dès les premiers frémissements.

5 › Fouetter les jaunes d'œufs dans un bol. Les incorporer à la préparation précédente.

6 › Répartir le tout dans les ramequins sur les poireaux et les Saint-Jacques.

7 › Placer les ramequins dans un grand plat allant au four. Verser de l'eau aux trois quarts. Enfourner à 90 °C (th. 2-3) pour 45 minutes.

8 › Lorsque les crèmes sont prises, légèrement tremblantes au centre, les sortir du four.

9 › Mixer les noix de cajou et la cassonade.

10 › Parsemer la surface des crèmes chaudes de la chapelure de noix de cajou ainsi obtenue puis les faire caraméliser à l'aide d'un chalumeau, d'un fer à caraméliser ou sous le gril.

11 › Servir chaud ou tiède.

› version salée, sucrée-salée

crème brûlée aux tomates cerise

18 tomates cerise / 6 olives noires coupées en rondelles / 3 jaunes d'œufs / 30 cl de crème fraîche liquide / 1 cuil. à soupe de thym séché / 3 cuil. à soupe de cheddar râpé / Sel, poivre.

6 PERS. — PRÉP. : 15 MIN — CUISS. : 50 MIN

1 › Laver et sécher les tomates cerise.
2 › Disposer 2 tomates cerise et quelques rondelles d'olive noire dans le fond de chaque cassolette.
3 › Dans un grand bol, fouetter les jaunes avec la crème.
4 › Ajouter le thym, du sel et du poivre. Mélanger de nouveau puis répartir l'appareil à crème brûlée sur les tomates cerise et les olives.
5 › Placer les ramequins dans un grand plat allant au four. Verser de l'eau jusqu'aux trois quarts puis enfourner le tout à 90 °C (th. 2-3) pour 50 minutes. Les crèmes doivent être prises, mais légèrement tremblantes au centre.
6 › Saupoudrer la surface de cheddar râpé puis faire dorer sous le gril du four.

minicrèmes brûlées aux tomates séchées

9 jaunes d'œufs / 70 g de crème fraîche liquide / 1 cuil. à soupe de parmesan râpé / 1 cuil. à café de basilic frais ciselé / 3 petites tomates séchées / Sel.

6 PERS. — PRÉP. : 15 MIN — CUISS. : 25 MIN

1 › Dans un bol, fouetter rapidement les jaunes.
2 › Porter la crème liquide à ébullition. Dès les premiers frémissements, la verser sur les jaunes d'œufs battus.
3 › Ajouter le parmesan et le basilic. Saler légèrement.
4 › Couper les tomates séchées en petits dés. Les placer dans des petites coupelles allant au four.
5 › Recouvrir les morceaux de tomates séchées du mélange précédent.
6 › Enfourner pour 25 minutes à 90 °C (th. 2-3).
7 › Servir à la température souhaitée.

Servir avec quelques pousses de roquette et des croûtons à l'ail.

crème brûlée classique du chef
ou recette de base

1 gousse de vanille / 80 cl de crème fraîche liquide / 8 jaunes d'œufs / 200 g de sucre en poudre / 4 à 6 cuil. à soupe de cassonade.

••• ››› 6 PERS. — PRÉP. : 15 MIN — CUISS. : 1 H 03 MIN
REPOS : 1 H

1 › Couper la gousse de vanille dans le sens de la longueur.
2 › Gratter l'intérieur de la gousse avec la pointe d'un couteau puis la laisser dans la crème. Faire chauffer la crème à feu très doux dans une petite casserole.
3 › Mettre la casserole hors du feu dès les premiers frémissements. Retirer la gousse vide.
4 › Dans un saladier, mélanger les jaunes d'œufs et le sucre de façon à obtenir un ruban de couleur claire.
5 › Ajouter la crème chauffée en évitant de faire mousser. Passer le tout au chinois fin.
6 › Verser la préparation dans des ramequins ou des verrines allant au four. Préparer un bain-marie : remplir un plat à gratin d'eau à mi-hauteur.
7 › Placer alors les ramequins ou les verrines dans le plat à gratin et faire cuire à 90 °C (th. 2-3) pendant 2 heures.
8 › La surface de la crème doit légèrement trembler. Sortir les ramequins du four puis laisser tiédir à température ambiante. Placer le tout au réfrigérateur pendant 1 heure.
9 › Saupoudrer légèrement les crèmes de cassonade. Caraméliser la surface en passant les ramequins sous la flamme d'un chalumeau, au fer à caraméliser ou en les plaçant sous le gril du four.
10 › Servir aussitôt.

41 · crèmes brûlées

crème des sœurs de Pedralbes

80 g de farine de maïs / 80 cl de lait entier / 2 bâtons de cannelle / 8 jaunes d'œufs / 160 g de sucre en poudre / 6 cuil. à soupe de cassonade.

6 PERS. — PRÉP. : 10 MIN — CUISS. : 7 MIN
REPOS : 2 H

1 › Délayer la farine de maïs dans un verre de lait.
2 › Faire chauffer le reste de lait dans une petite casserole puis y faire infuser les bâtons de cannelle 4 minutes à feu doux. Mélanger les deux laits.
3 › Dans un saladier, fouetter les jaunes et le sucre jusqu'à ce que le mélange blanchisse.
4 › Ajouter le lait épaissi et parfumé à la cannelle. Mélanger soigneusement.
5 › Verser de nouveau la préparation dans la casserole puis laisser cuire 3 minutes, tout en remuant avec une cuillère en bois. Retirer la casserole du feu, enlever les bâtons de cannelle.
6 › Répartir la préparation dans des ramequins en terre cuite.
7 › Laisser tiédir à température ambiante puis faire refroidir 2 heures au réfrigérateur.
8 › Saupoudrer les crèmes de cassonade puis brûler la surface à l'aide soit d'un fer à caraméliser, soit d'un chalumeau ou encore sous le gril du four.

C'est une recette ancestrale dans le quartier de Pedralbes, à Barcelone. Les crèmes occupent une place de choix dans la gastronomie espagnole.

› crèmes brûlées

burnt cream of Trinity
aux fruits rouges

200 g de framboises / 200 g de fraises / 4 jaunes d'œufs / 3 cuil. à soupe de sucre en poudre / 60 cl de crème fraîche épaisse / 1 gousse de vanille / 6 cuil. à soupe de vergeoise blonde.

● ● ● ❯ ❯ ❯   6 PERS. — PRÉP. : 20 MIN — CUISS. : 55 MIN
RÉFRIGÉRATION : 2 H

1 › Passer rapidement les fruits rouges sous un filet d'eau fraîche puis les essuyer délicatement. Couper les fraises en deux.
2 › Disposer ces fruits rouges dans le fond des ramequins.
3 › Fouetter les jaunes d'œufs dans un grand bol avec le sucre en poudre jusqu'à ce que le mélange blanchisse.
4 › Mettre la crème et la gousse de vanille dans une casserole puis porter à frémissements.
5 › Laisser refroidir légèrement puis verser sur les jaunes d'œufs sans cesser de fouetter.
6 › Répartir le mélange sur les fruits rouges dans les ramequins. Disposer les ramequins dans un plat allant au four puis verser de l'eau jusqu'à mi-hauteur. Faire cuire à 90 °C (th. 2-3) pendant 50 minutes.
7 › Laisser refroidir et réfrigérer pendant 2 heures.
8 › Saupoudrer les crèmes de vergeoise blonde. Les placer sous le gril du four ou utiliser un chalumeau pour caraméliser la surface.
9 › Servir sans attendre.

› version sucrée

crème brûlée aux saveurs d'Orient

70 g de pistaches décortiquées non salées / 70 g d'amandes effilées / 3 macarons nature / 50 cl de crème fraîche liquide / 20 cl de lait / Une pincée de safran en filaments / 8 jaunes d'œufs / 120 g de sucre en poudre / 2 cuil. à soupe de farine de maïs / 2 cuil. à café d'eau de fleur d'oranger / 6 cuil. à soupe de cassonade.

• • • ››› 6 PERS. — PRÉP. : 15 MIN — CUISS. : 10 MIN
RÉFRIGÉRATION : 2 H

1 › Faire griller les pistaches et les amandes à sec dans une poêle anti-adhésive.
2 › Les concasser au mortier avec les macarons. (Ou bien enfermer le tout dans un sac plastique et les écraser au rouleau à pâtisserie.)
3 › Porter la crème et le lait à frémissements dans une casserole. Ajouter la pincée de safran en mélangeant bien.
4 › Dans un saladier, fouetter les jaunes et le sucre jusqu'à ce que le mélange blanchisse.
5 › Ajouter la farine de maïs, le lait crémeux tiédi et l'eau de fleur d'oranger. Verser de nouveau le tout dans la casserole et laisser cuire à feu doux jusqu'à épaississement.
6 › Ajouter la moitié du mélange de fruits secs et de macarons concassés.
7 › Répartir la préparation dans des verres à thé puis les placer au frais pendant 2 heures.
8 › Saupoudrer les crèmes de cassonade puis les faire caraméliser sous la flamme du chalumeau.
9 › Décorer les verrines du restant de fruits secs et de macarons concassés.

Servir avec une salade d'oranges à la menthe.

crème brûlée à l'ananas et à l'anis étoilé

25 cl de lait / 2 fleurs de badiane ou anis étoilé / 1 petit ananas / 1 noix de beurre / 3 jaunes d'œufs / 100 g de sucre en poudre / 3 cuil. à soupe de sucre glace / 15 cl de crème fraîche liquide / 6 cuil. à soupe de cassonade.

6 PERS. — PRÉP. : 15 MIN — CUISS. : 50 MIN
REPOS : 15 MIN — RÉFRIGÉRATION : 2 H

1 › Verser le lait dans une petite casserole puis ajouter les fleurs de badiane. Faire chauffer à feu doux jusqu'au point d'ébullition. Retirer la casserole du feu et laisser infuser 15 minutes.

2 › Peler l'ananas et prélever 6 tranches de 5 mm d'épaisseur.

3 › Beurrer les ramequins puis y disposer les tranches d'ananas.

4 › Fouetter les jaunes et les deux sucres jusqu'à ce que le mélange blanchisse.

5 › Incorporer la crème liquide et le lait parfumé tiédi. Mélanger très soigneusement.

6 › Répartir la préparation sur les tranches d'ananas.

7 › Disposer les ramequins dans un bain-marie, c'est-à-dire dans un récipient rempli aux trois quarts d'eau (l'eau ne doit pas déborder dans les ramequins).

8 › Laisser cuire à 90 ° C (th. 2-3) pendant 45 minutes environ. La crème doit être prise, tremblante au centre.

9 › Les laisser refroidir à température ambiante puis les placer au frais pendant 2 heures.

10 › Saupoudrer les crèmes brûlées de cassonade. Caraméliser à l'aide d'un fer à caraméliser, d'un minichalumeau ou sous le gril du four.

47 › crèmes brûlées

crème brûlée à la banane, au rhum et au citron vert

2 citrons verts non traités / 2 bananes / 5 cl de rhum / 5 jaunes d'œufs / 100 g de cassonade / 40 cl de crème fraîche liquide.

••• ›› 4 À 6 PERS. — PRÉP. : 30 MIN — CUISS. : 50 MIN
RÉFRIGÉRATION : 2 H

1 › Rincer et essuyer les citrons verts. Prélever le zeste des citrons puis le hacher finement. Exprimer le jus des citrons verts. Dans un saladier, mettre les bananes épluchées et détaillées en rondelles, la moitié du zeste haché de citron. Verser le jus des citrons verts, le rhum puis mixer le tout.

2 › Fouetter les jaunes et la moitié de la cassonade. Ajouter la crème liquide tout en fouettant.

3 › Mélanger les deux préparations puis répartir le tout dans 6 verrines.

4 › Placer les verrines dans un grand plat allant au four. Verser de l'eau jusqu'aux trois quarts. Enfourner le tout pour 50 minutes à 90 °C (th. 2-3).

5 › Les crèmes doivent être prises mais trembler légèrement au centre.

6 › Sortir les ramequins du four et les laisser tiédir.

7 › Les placer ensuite au frais pendant 2 heures.

8 › Au moment de servir, les saupoudrer du restant de sucre puis caraméliser à l'aide du chalumeau, du fer à caraméliser ou sous le gril du four.

9 › Parsemer du restant de zestes de citron vert.

crème brûlée aux brownies et à la vanille fraîche

100 g de brownies au chocolat / 15 cl de lait / 1 gousse de vanille / 8 œufs / 120 g de sucre en poudre / 45 cl de crème fraîche liquide / 6 cuil. à soupe de chair de noix de coco râpée / 6 cuil. à soupe rases de vergeoise brune.

• • • ❱ ❱ 6 PERS. — PRÉP. : 15 MIN — CUISS. : 1 H
RÉFRIGÉRATION : 2 H

1 › Émietter grossièrement les brownies puis les répartir dans des verrines.

2 › Verser le lait dans une petite casserole.

3 › Fendre la gousse de vanille en deux et délicatement avec la pointe d'un couteau, gratter l'intérieur de la gousse au-dessus de la casserole. Y mettre aussi la gousse évidée.

4 › Porter à frémissements puis laisser tiédir et infuser hors du feu.

5 › Dans un saladier, fouetter les jaunes d'œufs et le sucre jusqu'à obtention d'un mélange lisse et de couleur claire. Ajouter la crème fraîche liquide aux œufs blanchis.

6 › Verser doucement le lait tiédi et parfumé.

7 › Laisser reposer quelques instants cette préparation. La répartir sur les brownies émiettés dans les verrines.

8 › Disposer les verrines dans un grand plat allant au four. Verser de l'eau aux trois quarts. Enfourner au bain-marie à 90 °C (th. 2-3) pour 1 heure.

9 › Les crèmes doivent être prises mais légèrement frémissantes au centre. Parsemer la surface des crèmes de noix de coco râpée. Laisser tiédir puis réfrigérer pendant 2 heures.

10 › Saupoudrer la surface de crèmes de vergeoise puis faire caraméliser au minichalumeau ou sous le gril du four.

› version sucrée

crème brûlée aux bonbons fraise interdits

20 cl de crème fraîche liquide / 10 cl de lait entier / 20 fraises Tagada / 4 jaunes d'œufs / 40 g de sucre en poudre + 4 cuil. à soupe / 2 gouttes de colorant rouge.

● ● ● ❯❯❯   6 PERS. — PRÉP. : 15 MIN — CUISS. : 50 MIN
RÉFRIGÉRATION : 2 H

1 › Verser la crème fraîche liquide et le lait dans une petite casserole. Ajouter les fraises Tagada. Les faire fondre dans la crème sur feu doux, tout en remuant avec une cuillère en bois.
2 › Lorsque le sucre rouge des fraises a fondu, la guimauve étant longue à cuire, mixer le tout afin d'obtenir une texture homogène.
3 › Dans un saladier, fouetter les jaunes d'œufs avec 40 g de sucre.
4 › Verser la préparation aux fraises Tagada sur les jaunes blanchis.
5 › Répartir la préparation dans les ramequins. Les disposer dans un grand plat allant au four.
6 › Verser de l'eau jusqu'aux trois quarts puis enfourner à 90 °C (th. 2-3) pour 45 minutes.
7 › Laisser refroidir à température ambiante puis au réfrigérateur pendant 2 heures.
8 › Mettre le sucre et le colorant dans un petit bocal fermant hermétiquement puis secouer le tout énergiquement.
9 › Au moment de servir, saupoudrer les crèmes roses de sucre rose. Caraméliser légèrement à l'aide d'un chalumeau, d'un fer à caraméliser ou sous le gril du four.

› crèmes brûlées

crème brûlée au café
et au cacao amer

40 cl de crème fraîche liquide / 10 cl de lait / 10 cl de café liquide / 4 cuil. à soupe de cacao amer / 8 jaunes d'œufs / 80 g de sucre en poudre / 6 cuil. à soupe de cassonade ou de vergeoise brune.

● ● ● ❯ ❯ ❯ 6 PERS. — PRÉP. : 15 MIN — CUISS. : 1 H
RÉFRIGÉRATION : 2 H

1 › Dans une casserole, mélanger la crème, le lait, le café et la moitié du cacao amer en poudre.

2 › Porter le tout à frémissements en remuant avec une cuillère en bois. Retirer la casserole du feu.

3 › Fouetter les jaunes d'œufs et le sucre jusqu'à obtention d'un mélange clair.

4 › Incorporer progressivement la crème parfumée au café.

5 › Répartir la préparation dans les ramequins. Les disposer dans un grand plat allant au four.

6 › Verser de l'eau jusqu'aux trois quarts puis enfourner ce bain-marie pour 1 heure à 90 °C (th. 2-3).

7 › Sortir les ramequins du four. Laisser tiédir puis réfrigérer pendant 2 heures.

8 › Saupoudrer chaque ramequin de cassonade ou de vergeoise puis faire caraméliser à l'aide d'un chalumeau, d'un fer à caraméliser ou sous le gril du four.

› version sucrée

53 › crèmes brûlées

crème brûlée comme un calisson

10 cl de lait / 1 sachet de sucre vanillé / 8 jaunes d'œufs / 60 g de poudre d'amande / 10 g de sucre glace / 2 gouttes d'extrait d'amande amère / 1 cuil. à café d'eau de fleur d'oranger / 65 cl de crème fraîche liquide / 6 cuil. à soupe de compote d'abricots frais / 6 cuil. à soupe de cassonade.

> > > 6 PERS. — PRÉP. : 15 MIN — CUISS. : 1 H
> RÉFRIGÉRATION : 2 H

1 › Porter le lait à ébullition avec le sucre vanillé. Retirer la casserole du feu dès les premiers frémissements. Laisser tiédir.

2 › Dans un saladier, mélanger les jaunes, la poudre d'amande, le sucre glace, l'extrait d'amande amère et l'eau de fleur d'oranger.

3 › Fouetter énergiquement jusqu'à obtention d'un mélange homogène et lisse. Ajouter la crème liquide et le lait vanillé tiédi. Mélanger le tout de nouveau.

4 › Répartir la compote d'abricots frais au fond des verrines, des cassolettes ou des ramequins. Recouvrir de l'appareil à crème brûlée.

5 › Disposer les récipients à crème brûlée dans un grand plat allant au four. Verser de l'eau jusqu'aux trois quarts.

6 › Enfourner pour 1 heure à 90 °C (th. 2-3).

7 › Sortir les crèmes du four, les laisser refroidir à température ambiante.

8 › Les placer ensuite au réfrigérateur pendant 2 heures.

9 › Au moment de servir, saupoudrer de cassonade et faire caraméliser.

crème brûlée au chocolat blanc et aux myrtilles

100 g de myrtilles fraîches (ou surgelées et décongelées) / 100 g de chocolat blanc en tablette / 40 cl de crème fraîche liquide / 6 jaunes d'œufs / Vergeoise blonde.

••• ❯❯❯ 6 PERS. — PRÉP. : 20 MIN — CUISS. : 55 MIN
REPOS : 1 H 30 MIN

1 › Disposer les myrtilles dans les ramequins.

2 › Râper le chocolat blanc. Faire chauffer la crème à feu doux jusqu'à ce qu'elle frémisse. Hors du feu, verser le chocolat blanc râpé en remuant pour le faire fondre.

3 › Fouetter les jaunes d'œufs puis les incorporer à la crème au chocolat blanc.

4 › Répartir la préparation sur les myrtilles dans des ramequins, des verrines ou des coupelles. Les disposer dans un grand plat allant au four.

5 › Verser de l'eau jusqu'aux trois quarts dans le plat puis enfourner à 90 °C (th. 2-3) pour 50 minutes.

6 › Sortir les crèmes du four, les laisser tiédir à température ambiante puis réfrigérer pendant 1 heure 30 minutes.

7 › Au moment de servir, les saupoudrer de vergeoise puis les caraméliser au chalumeau, au fer à caraméliser ou sous le gril du four.

 Servir avec un cookie à la noisette.

56 › version sucrée

crème brûlée aux clémentines confites et à l'amaretto

5 clémentines / 160 g de sucre en poudre / 20 g de beurre / 4 jaunes d'œufs / 2 cuil. à soupe de crème fraîche épaisse / 3 cuil. à soupe d'amaretto / 2 cuil. à soupe de sucre glace.

● ● ● ❯❯❯ 6 PERS. — PRÉP. : 25 MIN — CUISS. : 1 H 20 MIN
REPOS : 30 MIN — RÉFRIGÉRATION : 2 H

1 › Laver soigneusement les clémentines. Les essuyer puis les couper en tranches.

2 › Dans une casserole, dissoudre 100 g de sucre dans 20 cl d'eau. Porter à ébullition. Plonger les tranches de clémentine dans l'eau bouillonnante. Laisser confire 30 minutes à feu doux, en veillant à ce qu'il reste un peu d'eau. En verser si nécessaire. Retirer la casserole hors du feu. Laisser tiédir. Beurrer les ramequins en terre cuite ou en porcelaine. Égoutter légèrement les tranches de clémentine puis les répartir au fond des ramequins. Placer l'ensemble au réfrigérateur.

3 › Au bout de 30 minutes, fouetter les jaunes et le reste de sucre dans un grand bol jusqu'à ce que le mélange blanchisse.

4 › Ajouter la crème fraîche puis mélanger soigneusement. Verser la préparation ainsi obtenue sur les clémentines confites dans les ramequins.

5 › Ajouter quelques gouttes d'amaretto dans chaque ramequin. Saupoudrer de sucre glace. Les disposer dans un plat à gratin rempli d'eau aux trois quarts. Veiller à ce que l'eau ne déborde pas dans les ramequins. Enfourner les ramequins dans le bain-marie pour 45 minutes. Les mettre sous le gril pendant 5 minutes supplémentaires.

6 › Laisser tiédir puis refroidir avant de servir.

Servir pour un « café gourmand » avec un amaretti et un café expresso corsé.

› crème brûlée au chocolat blanc et aux myrtilles p. 56

crème brûlée à la confiture de lait

40 cl de crème fraîche liquide / 10 cl de lait entier / 150 g de confiture de lait / 5 jaunes d'œufs / 3 cuil. à soupe de sucre en poudre / 40 g de cassonade.

● ● ● ❯❯ 6 PERS. — PRÉP. : 15 MIN — CUISS. : 1 H 5 MIN
RÉFRIGÉRATION : 2 H

1 › Dans une casserole, faire chauffer la crème fraîche, le lait et la confiture de lait sur feu très doux, en remuant avec une cuillère en bois. Porter à frémissements puis retirer la casserole du feu.

2 › Fouetter les jaunes d'œufs avec le sucre jusqu'à ce que le mélange blanchisse.

3 › Verser la préparation crémeuse sur les jaunes blanchis, tout en mélangeant.

4 › Répartir la crème dans les ramequins puis disposer ces derniers dans un grand plat allant au four. Verser de l'eau jusqu'aux trois quarts dans le plat puis enfourner à 90 °C (th. 2-3).

5 › Faire cuire 1 heure environ.

6 › Laisser tiédir puis réfrigérer pendant 2 heures.

7 › Au moment de servir, saupoudrer les crèmes de cassonade et faire caraméliser au chalumeau ou au fer à caraméliser ou encore sous le gril du four.

Servir avec une brochette de cubes de pastèque.

› version sucrée

crème brûlée au parfum d'érable et aux noix de pécan caramélisées

100 g de noix de pécan / 1 noix de beurre / Sucre en poudre ou cassonade / 6 jaunes d'œufs / 3 cl de sirop d'érable / 60 cl de crème fraîche liquide.

••• >>> 6 PERS. — PRÉP. : 15 MIN — CUISS. : 1 H 5 MIN
RÉFRIGÉRATION : 2 H

1 › Concasser grossièrement les noix de pécan.
2 › Beurrer légèrement les ramequins puis déposer 1 cuillerée à soupe de noix de pécan concassées. Saupoudrer de 1 cuillerée à café de sucre en poudre ou de cassonade.
3 › Dans un bol, fouetter les jaunes d'œufs avec le sirop d'érable jusqu'à consistance homogène.
4 › Dans une casserole, porter la crème à frémissements puis la verser sur le mélange jaune d'œuf/érable.
5 › Verser la préparation dans la casserole. Ajouter les noix de pécan. Mélanger soigneusement puis faire cuire sur feu doux jusqu'à ce que la crème épaississe, sans bouillir.
6 › Verser la préparation dans des ramequins. Les disposer dans un grand plat allant au four. Verser de l'eau aux trois quarts.
7 › Cuire à 90 °C (th. 2-3) pendant 50 minutes, jusqu'à ce qu'elles soient prises mais frémissantes au centre.
8 › Laisser refroidir à température ambiante puis au réfrigérateur pendant 2 heures.
9 › Au moment de servir, saupoudrer les crèmes de sucre puis les faire caraméliser au fer, au chalumeau ou sous le gril du four.

Servir avec un jus, un smoothie, une compote de poire, ou encore un pancake à la confiture de poire. La saveur de ce fruit s'associe bien au sirop d'érable.

version sucrée

crème brûlée aux figues et au pain d'épice

60 cl de crème fraîche liquide / 1 gousse de vanille / Une pincée d'anis vert en poudre / 60 g de sucre en poudre / 6 jaunes d'œufs / 4 tranches de pain d'épice / 150 g de figues sèches / 100 g d'oranges confites / 1 noix de beurre / 4 cuil. à soupe de cassonade.

• • • ❯❯❯ 6 PERS. — PRÉP. : 25 MIN — CUISS. : 1 H
RÉFRIGÉRATION : 2 H

1 › Verser la crème dans une casserole. Fendre la gousse de vanille en deux. Au-dessus de la casserole, gratter l'intérieur de la gousse avec la pointe d'un couteau, afin d'extraire les graines. Ce sont celles-ci qui vont essentiellement parfumer la crème. Ajouter la gousse évidée, la pincée d'anis et 30 g de sucre.

2 › Porter le tout à frémissements. Retirer la casserole du feu puis laisser refroidir quelques instants.

3 › Fouetter les jaunes et le reste de sucre jusqu'à obtention d'un ruban de couleur claire.

4 › Incorporer progressivement la crème parfumée à la vanille dans les jaunes d'œufs blanchis au sucre.

5 › Émietter les tranches de pain d'épice. Détailler les figues sèches et les oranges confites en petits cubes.

6 › Répartir les miettes de pain d'épice et les cubes de fruits dans les ramequins préalablement beurrés.

7 › Recouvrir l'ensemble de l'appareil à crème brûlée.

8 › Cuire les ramequins pendant 1 heure à 90 °C (th. 2-3).

9 › Laisser refroidir à température ambiante puis réfrigérer pendant 2 heures.

10 › Au moment de servir, saupoudrer chaque ramequin de cassonade puis caraméliser au chalumeau, au fer à caraméliser ou encore sous le gril du four.

› crèmes brûlées

crèmes brûlées aux fraises séchées et à la lavande

15 cl de lait entier / 45 cl de crème fraîche liquide / 1 cuil. à soupe de miel de lavande / 2 cuil. à soupe de fleurs de lavande séchées / 6 jaunes d'œufs / 50 g de sucre en poudre / 1 noix de beurre / 150 g de fraises séchées / 4 à 6 cuil. à soupe de vergeoise blonde.

● ● ● ❯❯❯ 6 PERS. — PRÉP. : 30 MIN — CUISS. : 1 H
REPOS : 10 MIN — RÉFRIGÉRATION : 2 H

1 › Verser le lait, la crème et le miel dans la casserole. Ajouter 1 cuillerée à soupe de brins de lavande séchée. Faire chauffer sur feu doux jusqu'au point d'ébullition en remuant. Retirer la casserole du feu puis laisser infuser 10 minutes. Laisser tiédir puis filtrer la préparation à l'aide d'un chinois.

2 › Dans un grand bol, fouetter les jaunes d'œufs et le sucre. Mélanger puis verser progressivement la crème à la lavande. Mélanger de nouveau.

3 › Beurrer légèrement les ramequins puis disposer des lamelles de fraises séchées au fond (en réserver quelques-unes pour la décoration).

4 › Répartir l'appareil parfumé à la lavande sur les fraises.

5 › Disposer les ramequins dans un grand plat allant au four. Verser de l'eau jusqu'aux trois quarts. Enfourner le tout pour 1 heure à 90 °C (th. 2-3). Les crèmes doivent être prises mais trembler légèrement au centre.

6 › Sortir les ramequins du four et les laisser tiédir. Les placer ensuite au frais pendant 2 heures. Saupoudrer la surface de vergeoise blonde puis faire caraméliser au chalumeau ou au fer à caraméliser.

7 › Décorer des brins de lavande restants et de fraises séchées.

› version sucrée

65 › crèmes brûlées

crème brûlée
aux litchis et au tchaï indien

250 g de litchis au sirop / 15 cl de lait entier / 50 cl de crème fraîche liquide / 4 cuil. à soupe de thé tchaï de qualité en poudre / 6 jaunes d'œufs / 40 g de sucre en poudre / 1 noix de beurre / Cassonade pour la caramélisation.

• • • ›› 6 PERS. — PRÉP. : 25 MIN — CUISS. : 1 H
RÉFRIGÉRATION : 2 H

1 › Égoutter soigneusement les litchis en recueillant 10 cl de sirop.
2 › Dans une casserole, mélanger le sirop de litchis avec le lait et la crème fraîche liquide. Ajouter la poudre de thé tchaï. Porter le tout à ébullition. Dès les premiers frémissements, retirer la casserole du feu. Filtrer le mélange à l'aide d'une passoire très fine. Réserver.
3 › Dans un saladier, fouetter les jaunes et le sucre. Verser progressivement le mélange précédent, sans cesser de fouetter.
4 › Beurrer légèrement les ramequins.
5 › Couper les litchis en dés puis les répartir dans les ramequins. Les recouvrir de la crème parfumée aux litchis et au tchaï.
6 › Placer les ramequins dans un grand plat allant au four. Verser de l'eau jusqu'aux trois quarts puis enfourner le tout à 90 °C (th. 2-3) pour 1 heure. Les crèmes doivent être prises, mais légèrement tremblantes au centre.
7 › Laisser refroidir à température ambiante puis réfrigérer pendant 2 heures.
8 › Saupoudrer la surface des crèmes de cassonade puis caraméliser au chalumeau, au fer à caraméliser ou sous le gril du four.

 Servir avec des framboises fraîches.

› version sucrée

crème brûlée
au mascarpone

150 g de mûres fraîches / 250 g de mascarpone / 10 cl de crème fraîche épaisse / 50 g de sucre glace / Le zeste râpé de 1 citron vert non traité / 2 blancs d'œufs / 3 cuil. à soupe de cassonade / Une pincée de sel.

● ● ● ❯❯❯ 6 PERS. — PRÉP. : 25 MIN — RÉFRIGÉRATION : 2 H

1 › Passer les mûres sous un filet d'eau fraîche, les laisser sécher sur une feuille de papier ménager.
2 › Dans un saladier, fouetter le mascarpone, la crème fraîche et le sucre glace. Ajouter le zeste râpé de citron vert.
3 › À l'aide d'un batteur, monter les blancs en neige ferme avec une pincée de sel. Les incorporer au mélange précédent.
4 › Répartir les mûres dans les ramequins. Les recouvrir de l'appareil au mascarpone et aux blancs en neige.
5 › Placer le tout au réfrigérateur pendant 2 heures.
6 › Saupoudrer la surface des crèmes de cassonade. Caraméliser à l'aide d'un fer à caraméliser, d'un minichalumeau ou sous le gril du four.
Servir ces crèmes brûlées avec des macarons ou des biscuits à la coco.

crème brûlée
aux marrons et à l'armagnac

3 jaunes d'œufs / 250 g de crème de marrons vanillée / 35 cl de crème fraîche liquide / 1 cuil. à soupe d'armagnac / 1 noix de beurre / 4 à 6 cuil. à soupe de cassonade / 6 marrons glacés pour la décoration.

● ● ● ❯❯❯ 6 PERS. — PRÉP. : 10 MIN — CUISS. : 45 MIN
RÉFRIGÉRATION : 2 H

1 › Dans un saladier, fouetter les jaunes d'œufs avec la crème de marrons.
2 › Ajouter ensuite la crème liquide et l'armagnac, sans cesser de fouetter.
3 › Beurrer légèrement des ramequins en terre cuite. Répartir la préparation dans les ramequins puis les placer dans un grand plat allant au four.
4 › Verser de l'eau jusqu'aux trois quarts dans le plat puis enfourner le tout à 90 °C (th. 2-3) pour 45 minutes. Les crèmes doivent être prises.
5 › Laisser refroidir à température ambiante puis réfrigérer pendant 2 heures.
6 › Saupoudrer la surface des crèmes de cassonade puis caraméliser au chalumeau, au fer à caraméliser ou sous le gril du four.
7 › Décorer les crèmes brûlées d'éclats de marrons glacés.
Servir avec une boule de glace à la vanille.

crème brûlée aux marrons et à l'armagnac p. 67

68 › version sucrée

crème brûlée au mascarpone p. 67

crèmes brûlées aux mirabelles et au tilleul

500 g de mirabelles / 5 cuil. à soupe de feuilles de tilleul / 2 cuil. à soupe de miel de tilleul / Le jus de 2 citrons jaunes / 1 noix de beurre / 6 jaunes d'œufs / 60 g de sucre en poudre / 60 cl de crème fraîche liquide / 4 à 6 cuil. à soupe de cassonade.

6 PERS. — PRÉP. : 25 MIN — CUISS. : 1 H 20 MIN
RÉFRIGÉRATION : 2 H

1 › Laver et essuyer les mirabelles. Les équeuter puis dénoyauter sans séparer les oreillons.

2 › Faire chauffer 30 cl d'eau dans une casserole jusqu'à ébullition. Ajouter les feuilles de tilleul. Laisser infuser quelques instants puis filtrer le liquide à l'aide d'une passoire fine.

3 › Dans la casserole, mélanger l'infusion au miel de tilleul et au jus de citron.

4 › Y mettre les mirabelles ouvertes et laisser cuire sur feu moyen pendant 15 minutes, sans cesser de tourner. Réserver le sirop de cuisson.

5 › Répartir la compote de mirabelles dans 6 ramequins préalablement beurrés.

6 › Dans un saladier, fouetter les jaunes d'œufs avec le sucre jusqu'à ce que le mélange blanchisse, ajouter la crème fraîche liquide et 2 cuillerées à soupe du sirop réservé.

7 › Recouvrir les mirabelles dans les ramequins de la préparation ainsi obtenue.

8 › Les disposer dans un grand plat allant au four. Verser de l'eau jusqu'aux trois quarts. Enfourner le tout pour 1 heure à 90 °C (th. 2-3). Les crèmes doivent être prises mais trembler légèrement au centre.

9 › Sortir les ramequins du four et les laisser tiédir. Les placer ensuite au frais pendant 2 heures.

10 › Au moment de servir, les saupoudrer de cassonade puis caraméliser à l'aide du chalumeau, du fer à caraméliser ou sous le gril du four.

71 › crèmes brûlées

crème brûlée aux nectarines sous brick caramélisée

3 nectarines / 1 noix + 25 g de beurre / 15 cl de lait entier / 1 bâton de cannelle / 6 jaunes d'œufs / 120 g de sucre en poudre / 30 cl de crème fraîche liquide / 3 feuilles de brick / 2 cuil. à soupe de miel / 2 cuil. à soupe de cannelle en poudre.

● ● ● ❱ ❱ ❱ 6 PERS. — PRÉP. : 20 MIN — CUISS. : 1 H 10 MIN
RÉFRIGÉRATION : 2 H

1 › Peler les nectarines et les détailler en lamelles.

2 › Beurrer légèrement le fond des ramequins puis tapisser de lamelles de nectarine.

3 › Dans une casserole, faire chauffer le lait avec le bâton de cannelle sur feu doux. Dès les frémissements, retirer la casserole du feu et laisser infuser à couvert.

4 › Dans une jatte, fouetter les jaunes d'œufs, le sucre en poudre et la cannelle jusqu'à ce que le mélange blanchisse. Ajouter la crème puis le lait parfumé tiédi.

5 › Répartir la préparation sur les lamelles de nectarine dans les ramequins.

6 › Placer les ramequins dans un grand plat allant au four puis verser de l'eau jusqu'aux trois quarts.

7 › Enfourner pour 1 heure à 90 °C (th. 2-3).

8 › Les sortir du four et les laisser refroidir à température ambiante.

9 › Les placer au frais pendant 2 heures.

10 › Pendant ce temps, préparer les feuilles de brick : découper des disques de brick de la taille des ramequins utilisés. Faire fondre les 25 g de beurre et le miel sur feu très doux. Badigeonner les disques de feuilles de brick du mélange de beurre et de miel à l'aide d'un petit pinceau de cuisine.

11 › Au moment de servir, déposer ces disques de brick sur la plaque du four recouverte de papier sulfurisé. Les faire cuire à 180 °C (th. 6) pendant 6 minutes, en les retournant à mi-cuisson.

12 › Disposer les disques croustillants sur les crèmes.

› version sucrée

73 › crèmes brûlées

crème brûlée aux pommes et à la rose

6 petites pommes / 75 g de beurre / 220 g de sucre en poudre / 3 cuil. à soupe de cidre / 6 jaunes d'œufs / 30 cl de lait / 30 cl de crème fraîche épaisse / 1 cuil. à soupe d'eau de rose / 30 g de raisins secs blonds / 6 cuil. à soupe de cassonade / 30 g de beurre / 3 cuil. à soupe de poudre de noisette.

● ● ● ❯❯❯ 6 PERS. — PRÉP. : 25 MIN — CUISS. : 1 H 10 MIN
REPOS : 20 MIN — RÉFRIGÉRATION : 2 H

1 › Éplucher les pommes, retirer le cœur et les pépins. Les couper en tranches fines. Les faire caraméliser avec le beurre et 100 g de sucre. Ajouter le cidre puis déglacer avec une cuillère en bois. Réserver.

2 › Dans un saladier, préparer l'appareil à crème brûlée : fouetter les jaunes d'œufs et le restant de sucre jusqu'à ce que le mélange blanchisse. Verser le lait, la crème fraîche et l'eau de rose, sans cesser de fouetter. Ajouter les raisins secs blonds. Placer cette préparation au frais pendant 20 minutes.

3 › Saupoudrer de la moitié de cassonade le fond des ramequins beurrés.

4 › Répartir l'appareil à crème brûlée dans les ramequins. Déposer les tranches de pomme en rosace sur la surface des crèmes en les enfonçant légèrement.

5 › Verser de l'eau aux trois quarts dans un plat à gratin.

6 › Déposer les ramequins dans le plat en veillant à ce que l'eau ne déborde pas.

7 › Faire cuire 1 heure à 90 °C (th. 2-3).

8 › Retirer les crèmes brûlées du four. Les faire refroidir à température ambiante puis au réfrigérateur. Les saupoudrer du reste de cassonade et de poudre de noisette.

9 › Caraméliser légèrement à l'aide d'un fer à caraméliser, d'un minichalumeau ou sous le gril du four à puissance maximale.

crème brûlée au pamplemousse et au champagne

5 cl de lait / 4 jaunes d'œufs / 80 g de sucre en poudre / 2 gouttes d'extrait d'essence de pamplemousse / 5 cl de champagne / 40 cl de crème fraîche liquide / 6 cuil. à soupe de cassonade.

**6 PERS. — PRÉP. : 15 MIN — CUISS. : 45 MIN
RÉFRIGÉRATION : 2 H**

1 › Faire chauffer le lait jusqu'à frémissements.
2 › Dans un saladier, fouetter les jaunes d'œufs avec le sucre jusqu'à ce que le mélange blanchisse.
3 › Ajouter l'extrait d'essence d'agrumes et le champagne. Mélanger doucement. Incorporer ensuite la crème et le lait tiédi puis mélanger au fouet de nouveau. Répartir la préparation dans les verres. Placer les verres dans un grand plat allant au four. Verser de l'eau jusqu'aux trois quarts. Enfourner à 90 °C (th. 2-3) pour 45 minutes.
4 › Les crèmes doivent être prises, légèrement tremblantes au centre de la surface.
5 › Les laisser refroidir puis réfrigérer pendant 2 heures.
6 › Au moment de servir, saupoudrer la surface des crèmes brûlées de cassonade.
7 › Faire caraméliser au chalumeau, au fer à caraméliser ou sous le gril du four.

crème brûlée à la réglisse et au citron vert

1 bâton de réglisse / 40 cl de crème fraîche liquide / 1 citron vert non traité / 6 jaunes d'œufs / 100 g de sucre en poudre / 3 cuil. à soupe de cassonade.

• • • ❯❯❯ 6 PERS. — PRÉP. : 15 MIN — CUISS. : 1 H — REPOS : 15 MIN
RÉFRIGÉRATION : 2 H

1 › Détailler le bâton de réglisse en petits cubes. Les mettre dans une casserole avec la crème liquide puis porter à ébullition en remuant. Dès les premiers frémissements, retirer la casserole du feu puis laisser infuser à couvert.

2 › À l'aide d'une râpe fine, prélever 3 cuillerées à soupe de zeste du citron vert.

3 › Dans un saladier, fouetter les jaunes avec le sucre puis ajouter le zeste râpé. Presser la moitié du citron au-dessus du saladier. Ajouter la crème parfumée à la réglisse. Mélanger puis laisser reposer quelques instants.

4 › Répartir la préparation dans des ramequins puis disposer ces derniers dans un grand plat allant au four. Verser de l'eau jusqu'aux trois quarts dans le plat puis enfourner ce bain-marie à 90 °C (th. 2-3) pendant 55 minutes. Laisser refroidir à température ambiante puis au réfrigérateur. Compter au moins 2 heures pour la prise du froid.

5 › Avant de servir, saupoudrer de cassonade chaque ramequin. Caraméliser à l'aide d'un chalumeau, d'un fer à caraméliser ou sous le gril du four.

riz au lait façon crème brûlée

150 g de riz rond / 115 cl de lait / 3 jaunes d'œufs / 100 g de sucre en poudre / 1 cuil. à soupe d'eau de fleur d'oranger / 6 cuil. à soupe de cassonade.

○ ○ ● ❱ ❱ ❱ 6 PERS. — PRÉP. : 5 MIN — CUISS. : 1 H 15 MIN
RÉFRIGÉRATION : 2 H

1 › Verser le riz rond dans une petite casserole remplie d'eau froide. Porter à frémissements puis retirer la casserole du feu. Rincer le riz, égoutter.

2 › Verser le lait dans la casserole puis remettre le riz égoutté. Laisser cuire de nouveau sur feu doux. Retirer la casserole du feu au point d'ébullition.

3 › Mixer le riz avec le lait. Dans un autre récipient, fouetter les jaunes et le sucre jusqu'à ce qu'ils blanchissent. Ajouter la crème de riz, l'eau de fleur d'oranger, mélanger soigneusement.

4 › Répartir la préparation dans des ramequins ou des verrines. Les placer dans un grand plat allant au four. Verser de l'eau jusqu'aux trois quarts.

5 › Enfourner à 90 °C (th. 2-3) pour 45 minutes.

6 › Laisser tiédir à température ambiante puis réfrigérer environ 2 heures.

7 › Au moment de servir, saupoudrer de cassonade puis caraméliser.

Servir avec des petits fruits séchés bien colorés (fraises, kiwis, pommes).

crème brûlée au thé vert matcha

20 cl de lait entier / 2 cuil. à soupe de thé vert matcha / 8 jaunes d'œufs / 80 g de sucre en poudre / 40 cl de crème fraîche liquide / 6 cuil. à soupe de vergeoise ou de cassonade.

○ ○ ● ❱ ❱ ❱ 6 PERS. — PRÉP. : 20 MIN — CUISS. : 1 H
RÉFRIGÉRATION : 2 H

1 › Porter le lait à ébullition. Dès que le lait frémit, retirer la casserole du feu.

2 › Laisser tiédir puis ajouter le thé vert et remuer.

3 › Mélanger les jaunes d'œufs et le sucre dans un saladier.

4 › Ajouter progressivement la crème fraîche liquide et le lait vert tiédi.

5 › Répartir le tout dans des ramequins ou des verres à thé. Les disposer dans un plat allant au four. Verser de l'eau dans le plat, aux trois quarts, puis enfourner pour 1 heure à 90 °C (th. 2-3).

6 › Laisser les crèmes tiédir puis les placer au réfrigérateur pendant 2 heures.

7 › Saupoudrer de cassonade et caraméliser.

Servir avec des dattes.

crèmes brûlées
à la rhubarbe et à la bergamote

300 g de rhubarbe / 25 g de beurre + 1 noix / 80 g de sucre en poudre / 15 cl de lait entier / 4 jaunes d'œufs / 30 cl de crème fraîche / 2 cuil. à café d'extrait d'essence de bergamote / 6 cuil. à soupe de cassonade.

● ● ● ❯ ❯ ❯ 6 PERS. — PRÉP. : 20 MIN — CUISS. : 1 H 20 MIN
RÉFRIGÉRATION : 2 H

1 › Rincer et essuyer soigneusement les tiges de rhubarbe. Les couper en tronçons de 4 cm environ.

2 › Faire fondre le beurre et 25 g de sucre à feu très doux jusqu'à ce que le mélange mousse.

3 › Ajouter alors les morceaux de rhubarbe. Faire cuire toujours à feu doux sans cesser de remuer, avec une cuillère en bois. Lorsque la rhubarbe est bien tendre, retirer la casserole du feu et égoutter sur du papier ménager. Laisser refroidir et sécher.

4 › Pendant ce temps, préparer l'appareil à crème brûlée : faire chauffer le lait jusqu'à frémissements. Laisser tiédir quelques instants.

5 › Dans une jatte, fouetter les œufs et le restant de sucre puis incorporer la crème, l'extrait d'essence de bergamote et le lait tiédi, tout en fouettant.

6 › Répartir la rhubarbe fondante dans les ramequins légèrement beurrés puis la recouvrir de l'appareil précédent.

7 › Disposer les ramequins dans un grand plat allant au four. Verser de l'eau aux trois quarts.

8 › Enfourner pour 90 °C (th. 2-3) pendant 50 minutes.

9 › Les crèmes doivent être prises, légèrement tremblantes au centre.

10 › Sortir les ramequins du four, laisser tiédir puis placer au réfrigérateur pendant 2 heures.

11 › Saupoudrer la surface des crèmes de cassonade puis caraméliser à l'aide d'un chalumeau, d'un fer à chalumeau ou sous le gril du four.

Servir avec un thé à la bergamote.

› version sucrée

crèmes brûlées tonka-praline

15 cl de lait entier / 2 fèves tonka / 6 jaunes d'œufs / 80 g de sucre en poudre / 45 cl de crème fraîche liquide / 2 cuil. à soupe de pralin en poudre / 4 à 6 cuil. à soupe de cassonade.

• • • ❯❯❯ 6 PERS. — PRÉP. : 20 MIN — CUISS. : 1 H
RÉFRIGÉRATION : 2 H

1 › Verser le lait dans la casserole puis ajouter les fèves.
2 › Dans un grand bol, fouetter les jaunes d'œufs et le sucre. Ajouter la crème et le pralin. Mélanger puis verser progressivement le lait chaud (retirer les fèves). Mélanger de nouveau.
3 › Répartir dans 6 ramequins puis les disposer dans un grand plat. Verser de l'eau jusqu'aux trois quarts. Enfourner pour 1 heure à 90 °C (th. 2-3). Les crèmes doivent être prises mais trembler légèrement au centre.
4 › Sortir les ramequins du four et les laisser tiédir.
5 › Les placer ensuite au frais pendant 2 heures.
6 › Saupoudrer la surface des crèmes de cassonade puis caraméliser à l'aide d'un chalumeau, d'un fer à caraméliser ou sous le gril du four.

crème brûlée au turron

150 g de turron / 50 cl de lait / 4 jaunes d'œufs / 2 cuil. à soupe de sucre en poudre / 6 cuil. à café de cassonade.

• • • ❯❯❯ 6 PERS. — PRÉP. : 20 MIN — CUISS. : 50 MIN
RÉFRIGÉRATION : 2 H

1 › Réduire le turron en miettes dans un saladier.
2 › Chauffer le lait jusqu'aux premiers frémissements. Le verser dans le saladier. Fouetter le tout jusqu'à dissolution du turron.
3 › Dans un autre récipient, fouetter les jaunes avec le sucre. Verser progressivement le lait épaissi au turron dans les jaunes blanchis au sucre, sans cesser de remuer avec une cuillère en bois. Répartir la préparation ainsi obtenue dans des ramequins.
4 › Les disposer dans un grand plat allant au four. Verser de l'eau jusqu'aux trois quarts. Enfourner à 90 °C (th. 2-3) 50 minutes.
5 › Laisser refroidir à température ambiante puis 2 heures au réfrigérateur.
6 › Au moment de servir, saupoudrer de cassonade puis caraméliser à l'aide d'un chalumeau, d'un fer à caraméliser ou sous le gril du four.

crème brûlée aux violettes

30 g de violettes cristallisées / 2 pommes acidulées type granny smith / 4 cl de lait entier / 3 jaunes d'œufs / 50 g de sucre en poudre / 50 cl de crème fraîche liquide / 6 cl de sirop de violette / 4 cuil. à soupe de sucre cristallisé / Des violettes fraîches non traitées pour la décoration.

• • • ❯❯❯ 6 PERS. — PRÉP. : 25 MIN — CUISS. : 45 MIN
RÉFRIGÉRATION : 2 H

1 › Concasser grossièrement les violettes cristallisées au mortier.
2 › Éplucher les pommes, les détailler en fines lamelles.
3 › Disposer les lamelles de pomme et les violettes cristallisées concassées dans le fond des ramequins.
4 › Faire chauffer le lait dans une petite casserole jusqu'aux premiers frémissements.
5 › Retirer la casserole du feu et laisser tiédir.
6 › Pendant ce temps, fouetter les jaunes et le sucre en poudre. Lorsque le mélange est lisse et blanchi, ajouter la crème liquide, le sirop de violette et le lait tiédi. Mélanger soigneusement.
7 › Recouvrir les morceaux de pomme et les violettes de l'appareil à crème brûlée.
8 › Disposer les ramequins dans un grand plat allant au four. Verser de l'eau jusqu'aux trois quarts puis enfourner pour 45 minutes à 90 °C (th. 2-3).
9 › Sortir les ramequins du four et les faire tiédir. Les placer ensuite au réfrigérateur pendant 2 heures.
10 › Les saupoudrer de sucre cristallisé puis caraméliser légèrement au chalumeau, au fer à caraméliser ou sous le gril du four.
11 › Décorer les crèmes brûlées de violettes fraîches.

› version sucrée

mousse chocolat-mandarine au cœur de crème brûlée

Pour le cœur de crème brûlée : 5 cl de lait / 2 jaunes d'œufs / 2 cuil. à soupe de sucre en poudre / 10 cl de crème fraîche.
Pour la mousse chocolat-mandarine : 140 g de chocolat noir amer / 1 cuil. à soupe de crème fraîche liquide / Le zeste de 1 mandarine non traitée / 3 œufs / 2 cuil. à soupe de liqueur de mandarine.

● ● ● ❯❯❯ 6 PERS. — PRÉP. : 25 MIN — CUISS. : 45 MIN — PRISE AU FROID : 2 H — RÉFRIGÉRATION : 2 H

1 › Faire chauffer le lait jusqu'à frémissements. Laisser tiédir.
2 › Fouetter les jaunes d'œufs et le sucre.
3 › Incorporer la crème fraîche liquide puis verser doucement le lait tiédi, sans cesser de fouetter.
4 › Répartir la préparation ainsi obtenue dans les alvéoles d'un moule à muffins en silicone.
5 › Enfourner à 90 °C (th. 2-3) pendant 45 minutes environ. Les crèmes doivent être prises légèrement tremblantes au centre.
6 › Sortir le moule à alvéoles du four. Laisser refroidir à température ambiante puis placer le tout au congélateur pendant 2 heures.
7 › Couper le chocolat en petits morceaux puis les mettre dans un bol.
8 › Faire fondre le chocolat au bain-marie. Ajouter la crème fraîche et les zestes de mandarine, tout en mélangeant avec une cuillère en bois. Lorsque la crème est bien lisse, la transvaser dans un saladier.
9 › Séparer les jaunes des blancs d'œufs. Ajouter au chocolat fondu et refroidi les jaunes d'œufs puis la liqueur de mandarine.
10 › À l'aide d'un batteur électrique, monter les blancs en neige ferme. Les incorporer délicatement au mélange précédent.
11 › Sortir du congélateur les médaillons de crème brûlée.
12 › Dans les ramequins ou les verrines (le format doit être plus grand que celui des médaillons), verser 2 cuillerées à soupe de mousse au chocolat. Déposer un médaillon de crème brûlée. Recouvrir du restant de mousse au chocolat.
13 › Recouvrir les ramequins ou les verrines de film alimentaire puis les placer au frais pendant 2 heures, le temps que la crème décongèle et que la mousse au chocolat prenne.

tarte aux framboises et au sureau façon crème brûlée

1 rouleau de pâte sablée (250 g) / 1 noix de beurre pour le moule / 25 cl de crème fraîche liquide / 1 sachet d'infusion au sureau / 4 jaunes d'œufs / 60 g de sucre en poudre / 2 sachets de sucre vanillé / 1 barquette de framboises / Cassonade pour la caramélisation.

● ● ● ❱❱ 6 PERS. — PRÉP. : 20 MIN — CUISS. : 46 MIN
RÉFRIGÉRATION : 1 H 30 MIN

1 › Abaisser la pâte sablée dans un moule préalablement beurré. Piquer le fond à l'aide d'une fourchette puis recouvrir la pâte d'une feuille de papier sulfurisé. Placer le tout au réfrigérateur pendant 30 minutes.
2 › Déposer des légumes secs type haricots secs sur la feuille de papier recouvrant la pâte.
3 › Enfourner ensuite à 180 °C (th. 6) pour 15 minutes.
4 › Porter la crème fraîche liquide à frémissements puis laisser infuser le sachet d'infusion au sureau.
5 › Fouetter les jaunes et les sucres jusqu'à obtention d'un mélange lisse.
6 › Ajouter la crème parfumée préalablement refroidie.
7 › Disposer les framboises sur le fond de tarte.
8 › Verser ensuite sur les framboises l'appareil à crème brûlée parfumée au sureau.
9 › Enfourner à 90 °C (th. 2-3) pendant 30 minutes.
10 › Laisser refroidir à température ambiante puis au réfrigérateur pendant 2 heures.
11 › Au moment de servir, saupoudrer la surface de la tarte de cassonade et caraméliser à l'aide d'un chalumeau ou sous le gril du four.

› version sucrée

crème glacée façon catalane

25 cl de lait / 25 cl de crème fraîche liquide / Le zeste de 1/2 citron non traité / 1 bâton de cannelle / 100 g de sucre en poudre / 4 jaunes d'œufs / 1 cuil. à soupe de farine de maïs / 4 cuil. à soupe de cassonade / 75 g de cacahuètes non salées réduites en poudre.

● ● ● ❯❯❯ 6 PERS. — PRÉP. : 10 MIN — CUISS. : 5 MIN — PRISE DE LA GLACE : 2 H 30 MIN — INFUSION : 30 MIN

1 › Dans une petite casserole, mettre le lait, la crème liquide, le zeste de citron, le bâton de cannelle et le sucre en poudre. Porter à ébullition en remuant jusqu'aux premiers frémissements. Retirer la casserole du feu puis laisser infuser pendant 30 minutes.

2 › Dans un saladier, fouetter les jaunes et la farine de maïs avec une cuillère en bois.

3 › Ajouter la crème parfumée et mélanger soigneusement.

4 › Mettre le saladier dans une casserole. Verser de l'eau dans la casserole de façon qu'elle ne déborde pas dans le saladier.

5 › Faire chauffer la crème au bain-marie jusqu'à ce que la crème nappe la cuillère.

6 › Verser le tout dans un moule à cake ou des bacs à glaçons.

7 › Laisser refroidir à température ambiante puis placer le tout au freezer pendant 2 heures 30 minutes.

8 › Dans une casserole, dissoudre la cassonade dans 2 cuillerées à soupe d'eau. Faire chauffer le tout jusqu'à obtention d'un caramel parfumé. Laisser durcir hors du feu. Le broyer grossièrement dans un mortier ou au mixeur.

9 › Sortir la crème glacée du freezer, la battre à l'aide d'une fourchette.

10 › Incorporer la moitié du caramel broyé dans la glace. La remettre au freezer jusqu'à ce que la glace soit bien prise.

11 › Trente minutes avant de servir, placer la crème catalane glacée au réfrigérateur afin qu'elle soit moelleuse.

12 › Saupoudrer du reste de caramel puis parsemer de cacahuètes pilées.

› crèmes brûlées

cookies à la confiture de lait

160 g de farine / 2 cuil. à soupe de levure chimique / Une pincée de sel / 100 g de beurre ramolli / 80 g de cassonade / 80 g de confiture de lait / 1 œuf entier + 2 cuil. à soupe de jaunes d'œufs battus.

20 COOKIES ENV. — PRÉP. : 15 MIN — CUISS. : 10 MIN
REPOS : 2 H

1 › Dans un saladier, mélanger la farine, la levure et le sel.

2 › Dans un autre récipient, travailler le beurre avec la cassonade. Ajouter la confiture de lait.

3 › Verser la farine, la levure et le sel en une seule fois puis mélanger le tout du bout des doigts.

4 › Incorporer l'œuf entier puis mélanger de façon à obtenir une pâte homogène.

5 › Étaler une feuille de film alimentaire sur le plan de travail. Abaisser la pâte sur le film.

6 › Façonner un rouleau d'environ 4 cm de diamètre en roulant la pâte dans le film.

7 › Bien serrer de toute part.

8 › Placer le rouleau au frais pendant 2 heures.

9 › Recouvrir la plaque du four de papier cuisson. Détailler le rouleau de pâte en tranches de 5 mm. À l'aide d'un pinceau de cuisine, les badigeonner de jaune d'œuf battu sur toute la surface.

10 › Les répartir sur la plaque en les espaçant suffisamment.

11 › Enfourner à 180 °C (th. 6) pour 10 minutes. Les cookies doivent être bien dorés.

12 › Attendre 5 minutes avant de les décoller délicatement à l'aide d'une spatule.

13 › Laisser refroidir sur une grille.

Ces cookies se conservent dans une boîte fermant hermétiquement.

› pour accompagner les crèmes brûlées

89 › crèmes brûlées

café blanc du Liban

3 cuil. à soupe d'eau de fleur d'oranger / Quelques zestes d'agrumes non traités / 3 cuil. à soupe de sucre en poudre.

∘ ∘ • ❯ ❯ ❯ 6 PERS. — PRÉP. : 5 MIN — CUISS. : 7 MIN

1 › Verser 60 cl d'eau dans une petite casserole. Ajouter l'eau de fleur d'oranger, les zestes d'agrumes et le sucre en poudre.
2 › Faire chauffer le tout à feu moyen.
3 › Laisser cuire à petits bouillons pendant 2 minutes.
4 › Verser ce café dans des tasses en filtrant le liquide avec une passoire à thé.

langues-de-chat

180 g de sucre en poudre / 180 g de farine / 180 g de beurre + 20 g pour la plaque / 2 cuil. à café d'extrait d'essence de vanille / 4 blancs d'œufs / Sucre glace / Sel.

∘ ∘ • ❯ ❯ ❯ 6 PERS. — PRÉP. : 25 MIN — CUISS. : 10 MIN

1 › Dans un saladier, mélanger le sucre et la farine. Couper le beurre en morceaux et les incorporer petit à petit au mélange sucre-farine en malaxant du bout des doigts. Ajouter la vanille.
2 › À l'aide d'un batteur électrique, monter les blancs en neige ferme avec une pincée de sel.
3 › Les incorporer délicatement à la préparation précédente.
4 › Beurrer et saupoudrer de sucre glace une plaque à pâtisserie.
5 › Déposer des petites langues de pâte avec une cuillère à soupe, les aplatir légèrement avec le dos de la cuillère.
6 › Enfourner pour 10 minutes environ à 150 °C (th. 5).

› pour accompagner les crèmes brûlées

meringues pastel

4 blancs d'œufs / Une pincée de sel / 120 g de sucre en poudre / 120 g de sucre glace / 2 gouttes de jus de citron / 2 gouttes de colorant alimentaire.

6 PERS. — PRÉP. : 20 MIN — CUISS. : 50 MIN

1 › Monter les blancs en neige ferme avec une pincée de sel à l'aide d'un batteur électrique. Lorsque les blancs commencent à se raffermir, incorporer progressivement le sucre en poudre, le sucre glace, le jus de citron et le colorant alimentaire.
2 › Recouvrir une plaque à pâtisserie d'une feuille de papier sulfurisé.
3 › Déposer des petits tas de neige ferme en les espaçant sur la feuille.
4 › Enfourner à 120 °C (th. 4) pendant 50 minutes en laissant la porte du four légèrement entrouverte.
5 › Éteindre le four et laisser les meringues à l'intérieur jusqu'à ce qu'elles aient refroidi.

pain d'épice

210 g de miel de fleur / 25 g de vergeoise blonde / 75 g de farine complète / 1/2 sachet de levure chimique / 1 œuf battu / 5 cl de lait / Deux pincées de cannelle / Deux pincées de noix de muscade râpée / Deux pincées d'anis en poudre / 1 clou de girofle / Beurre.

6 PERS. — PRÉP. : 25 MIN — CUISS. : 40 MIN
RÉFRIGÉRATION : 24 H

1 › Dans une petite casserole, faire fondre le miel et la vergeoise.
2 › Mélanger la farine et la levure dans un saladier. Façonner un puits au centre.
3 › Y verser l'œuf battu puis ajouter progressivement le lait, tout en fouettant.
4 › Incorporer les épices et le miel fondu. Mélanger de nouveau soigneusement la pâte.
5 › La verser dans un moule à cake beurré.
6 › Enfourner pour 40 minutes à 180 °C (th. 6).
7 › Vérifier la cuisson avec la lame d'un couteau, celle-ci doit ressortir sèche de la pâte.
8 › Démouler le pain d'épice dès sa sortie du four.
9 › L'envelopper de film alimentaire et le réserver au frais pendant 24 heures avant de le consommer.

tuiles à l'orange et
aux amandes

L'écorce de 1/2 orange non traitée / 40 g de farine / 90 g de sucre en poudre / 30 g de beurre fondu / 2 blancs d'œufs / 60 g d'amandes effilées / Sel.

**6 PERS. — PRÉP. : 20 MIN — CUISS. : 10 MIN
RÉFRIGÉRATION : 1 H**

1 › Gratter l'intérieur de l'écorce d'orange afin d'éliminer la fine pellicule blanche. Détailler l'écorce en tout petits dés.
2 › Dans un saladier, mélanger la farine, le sucre et le beurre fondu.
3 › Dans une jatte, fouetter énergiquement les blancs d'œufs avec une pincée de sel.
4 › Incorporer la neige des blancs au mélange précédent.
5 › Ajouter délicatement les dés d'écorce d'orange et les amandes effilées.
6 › Couvrir le saladier d'un film alimentaire puis le placer au frais pendant 1 heure.
7 › Séparer la pâte en petites portions de la taille d'une noix.
8 › Sur une plaque à pâtisserie recouverte de papier sulfurisé, déposer ces noix de pâte en les espaçant les unes des autres.
9 › Aplatir chaque boule avec le dos d'une cuillère humide.
10 › Enfourner à 150 °C (th. 5) pour 10 minutes.
11 › Décoller les tuiles encore chaudes puis leur donner une forme arrondie en les plaquant immédiatement sur un rouleau à pâtisserie préalablement fariné.

› pour accompagner les crèmes brûlées

93 › crèmes brûlées

table
des matières

Introduction	› 03
La petite histoire de la crème brûlée	› 04
Les ingrédients nécessaires pour la recette de base	› 06
Présentation et mise en scène des crèmes brûlées	› 08
Pour des versions sucrées, café ou thé gourmand, pour des versions salées, assiettes à tapas	› 09
Pour un effet chaud-froid et pourquoi faut-il éviter de mettre des préparations chaudes au réfrigérateur ?	› 09
Comment « brûler » les crèmes ou comment réussir la caramélisation ?	› 10
Autres tours de main et astuces	› 12

Version salée, sucrée-salée

Petites crèmes brûlées au boudin noir et aux noix caramélisées	› 14
Crème brûlée au brocoli, au gingembre et au sésame noir	› 15
Crème brûlée aux carottes et au pain d'épice	› 18
Crème brûlée au chèvre frais et au romarin	› 20
Fausses crèmes brûlées à la courgette et au saumon fumé	› 21
Crème brûlée au fenouil confit et ses crevettes au pastis	› 22
Figues et chèvre version crème brûlée	› 23
Crème brûlée au foie gras à la fleur de sel	› 26
Tapas de nouilles en crèmes brûlées au jambon	› 26
Crème brûlée à la mimolette et son sablé assorti à la sauge	› 28
Crème brûlée aux oignons doux	› 30
Minicrèmes brûlées aux petits pois et au curcuma	› 31
Crème brûlée aux 2 poivrons et son crumble de cantal	› 33
Crème brûlée aux pruneaux et au Grand Marnier	› 34
Crème brûlée à la ricotta et au melon	› 34
Crème brûlée au roquefort, aux abricots et aux noix	› 37
Noix de Saint-Jacques en habit de crème brûlée au cidre	› 38
Crème brûlée aux tomates cerise	› 39
Minicrèmes brûlées aux tomates séchées	› 39

Version sucrée

Crème brûlée classique du chef ou recette de base	› 40
Crème des sœurs de Pedralbes	› 43
Burnt cream of Trinity aux fruits rouges	› 44
Crème brûlée aux saveurs d'Orient	› 45
Crème brûlée à l'ananas et à l'anis étoilé	› 46
Crème brûlée à la banane, au rhum et au citron vert	› 48
Crème brûlée aux brownies et à la vanille fraîche	› 50
Crème brûlée aux bonbons fraise interdits	› 51
Crème brûlée au café et au cacao amer	› 52
Crème brûlée comme un calisson	› 55
Crème brûlée au chocolat blanc et aux myrtilles	› 56
Crème brûlée aux clémentines confites et à l'amaretto	› 57
Crème brûlée à la confiture de lait	› 60
Crème brûlée au parfum d'érable et aux noix de pécan caramélisées	› 61
Crème brûlée aux figues et au pain d'épice	› 63
Crèmes brûlées aux fraises séchées et à la lavande	› 64
Crème brûlée aux litchis et au tchaï indien	› 66
Crème brûlée au mascarpone	› 67
Crème brûlée aux marrons et à l'armagnac	› 67
Crèmes brûlées aux mirabelles et au tilleul	› 70
Crème brûlée aux nectarines sous brick caramélisée	› 72
Crème brûlée aux pommes et à la rose	› 74
Crème brûlée au pamplemousse et au champagne	› 75
Crème brûlée à la réglisse et au citron vert	› 77
Riz au lait façon crème brûlée	› 78
Crème brûlée au thé vert matcha	› 78
Crèmes brûlées à la rhubarbe et à la bergamote	› 80
Crèmes brûlées tonka-praline	› 81
Crème brûlée au turron	› 81
Crème brûlée aux violettes	› 82
Mousse chocolat-mandarine au cœur de crème brûlée	› 84
Tarte aux framboises et au sureau façon crème brûlée	› 86
Crème glacée façon catalane	› 87

Pour accompagner les crèmes brûlées

Cookies à la confiture de lait	› 88
Café blanc du Liban	› 90
Langues-de-chat	› 90
Meringues pastel	› 91
Pain d'épice	› 91
Tuiles à l'orange et aux amandes	› 92

© SAEP 2011
Dépôt légal 1ᵉʳ trim. 2011 n° 3 748
Imprimé en U.E.